Classification of Buddist Teachings according to Zhunti Dharma

准提法

ISBN:978-1957144207

本书由美国 Asian Culture Press 出版

Published by Asian Culture Press

444 Alaska Avenue, Suite #AZF046,

Torrance, CA 90503, United States

Edited by Jane Wang（王咏苓）

Published in the United States of America

First paperback edition March 2022

本书 2022 年 3 月在美国第一次出版

作者简介

高七师，准提法网络佛学院院长，显密圆通准提法成就者，主修中阴身救度法、准提法、净土法。

2000 年秉承太虚法师思想创建《佛法入世间》论坛，弘扬人生佛教与人间佛教的方法。

2007 被印证为甘孜多康色拉胜乘妙音州佛学院的金刚阿阇梨，

2008 创办国际性首所准提法网络佛学院，现成为全球最大的居士佛学院，学院依照明代袁了凡居士为榜样，行善与修持准提咒，提倡入世修行等系列佛教理论与实践活动，并成功的把心理学引入佛教教学与修行中，为家庭佛教建设找到科学方法。其倡导的准提宗发展思路是依《显密圆通成佛心要集》为宗，提倡学佛有利于事业发展，社会进步。以准提咒为修行核心，往生极乐世界为保障。达到出世入世圆融的目的。塑造佛教徒健康快乐的生活方式。

Gao Qi Shi is Dean of the Zhunzifa Network Buddhist Institute, he' s an accomplished practitioner of the Zhunti Dharma, based on the manifest and tantric teachings of Buddhism, he masters in Bardo Salvation method, zhunti Dharma and Pure Land Dharma.

In 2000, he founded the "Buddhism in the World" internet forum to promote engaged Buddhism with human face, following the thought of Venerable Tai Xu.

In 2007, he is certified as Guru in the

ChengShengMiaoYinZhou State Buddhist Institute of Dapda SeLa at Garzê Tibetan Autonomous Prefecture.

In 2008, he founded the first international Zhuntifa network Buddhist institute, which is now the world's largest Buddhist institute for laymen in Chinese. The institute follows the example of Yuan Liaofan, a Buddhist layman of the Ming Dynasty, who practiced the Zhuntifa mantra and advocated a series of good works and Buddhist practical activities. Master Gao successfully introduced psychology into Buddhist teachings, finding a scientific base for building family Buddhism. He advocates the development of the Zhuntifa school based on the "Collection of manifest and Tantric Enlightenment", promotes Buddhism that is beneficial to career development and social progress. Zhunti mantra is the core of practice, and rebirth in pure land of Amitabha is the guarantee of liberation after this life. The aim of the school is to achieve the integration of worldly practice the pursuit of transcendence, shaping a healthy and happy way of life for Buddhists.

你为什么适合修准提法?

why have you chosen Zhunti method?

这个时代为什么适合弘扬准提法以利于众生?

Why zhunti method is the method that brings benefits to all sentient beings in the modern epoch?

序言

记得有个小白兔钓鱼的故事，很有启发性。故事中，小白兔第一天去河边钓鱼，什么也没钓到，回家了；第二天，小白兔又去河边钓鱼，依然什么也没钓到，郁闷地回家了；第三天，小白兔刚到河边，一条大鱼从河里跳出来，冲着小白兔愤怒地大喊到：“你要是再敢用胡萝卜当鱼饵，我就扁你！”

众多佛子日复一日，在八万四千法门的佛海中，遇到了多少萝卜，而你的萝卜又在哪里呢？

法法平等，人人平等，平等于缘起的差别法。

在多元文化逐渐被相互认同的今天，众生根基也显现出不同的各个层面。在此时机下，佛法判教的真正意义，从为稳定宗派发展，将判教作为一把高推自法圣境来招揽信徒的标尺，发展进化成一张为帮助各个层面的众生，选择适合他们福报因缘和个人愿望的修行方法的地图。其中，选择包含两种含义：一方面，选择一种判断方法，让众生了解自己的根性，这种选择叫“判机”。另一方面，找一个思路把佛给不同众生开示的差异化的接引之法，进行归类梳理，从而有利于人们根据自己的根基和进度来选择法门，这种选择叫“判义”。

虽然，本书中的文章和观点仍有些历史判教思想的他非我正、他偏我圆、我大他小、我高他低的传统影响。但是，作为明智的你，会在其中悟出“偏人偏法”即是“适合之法”的契机行性。

对于佛法的修持，重点是我们在实修而不是空说。只要你行走在修行的路上，脚步不停，就一定会有收获，就能抵达成就的彼岸。

高七师

2013.11.22 于旧金山

目录

第三部 依别融透超夺的判教

1

三身判教

第一章　佛法三身的概念、功用及意义

第二章　近现代中国佛教发展的理论瓶颈及应对

第三章　宗派佛教发展两难境界的突破
——太虚大师三性判教与三身判教的关系

第四章　从唯识学的角度划分应身与化身

第五章　《显密圆通成佛心要集》中“身”有几种

第一章
佛法三身的概念、功用及意义

缘起

一名佛教修行者，不仅理论水准要高，而且佛法理念要明确无误，这样修行才可能圆融无碍。分清法、报、化三种修法的区别与联系，既是修行的出发点，也是决定修行成效大小的分水岭。

如果在准提理念中，有关“法、报、化三身”的正确观点不建立，会造成佛教徒见地与行为脱节。虽然佛教讲法报化不一不异，但那多是针对果地（最后结果）而言。在因地（实际修行过程），法身的见地，无法具体指导报身、化身的修为。下面，针对佛法三身的概念与功用进行详细明了的论述。

第一节 “佛法三身法”的概念

一、原始佛教的“三身”的概念

在“五停心观”中介绍：念佛观是念佛的应身、报身、法身。

（一）应身佛相好光明，应身佛三十二相好中随取一相，或先取佛眉间白毫放光相，一心观想，再次第遍观其它诸相。

（二）报身佛功德巍巍，应念报身佛以十力、四无所畏、十八不共法、一切种智等圆照法界。

（三）法身佛空寂无为，应念法身佛法性平等，不生不灭，空寂无为。

从时间上看：

应身，有始有终；是积累功德而成，要依缘起。佛在成佛前要经过一百大劫的福报积累。

报身，有始无终；从定慧观修得十智而成，为修得十力、四无所畏。是由佛的智慧功德所成。

法身，自性得，无始无终，从灭惑无明中具。

二、大乘佛教的“三身”相关概念

佛身有四种：法身、报身、应身、化身。

佛的法身，即是真如，无形无相，究竟清净。又名自性身，或法性身，即常住不灭，是人人本具的真性，因我们众生迷而不显，佛是觉而证得了。

佛的报身，身量广大庄严，唯有初地以上菩萨才能见到，恒为十方诸地菩萨宣说种智，尽未来际而无穷尽。报身之像，有自受用身，亦有他受用身。自受用报身和他受用报身的分别：自受用报身是佛自己受用内证法乐之身，他受用报身是佛为十地菩萨说法而变现的身。

佛的应身，是应世间众生得度因缘成熟而示现于人间，有色身，有生老病死及成道转法轮而后入涅槃种种诸相。

佛的化身，是佛以成所作智及神通之力，于十方世界变化示现，利乐有情，忽现忽灭。

比如说释迦牟尼佛住世的时候是应化身佛，入灭后以庄严报身的形态存在，恒住色究竟天宫为地上菩萨说法，称之为卢舍那佛。

容易混淆的问题：应身不同于化身。

严格来讲化身是佛菩萨成就后的功德应用、变化身，即应众生之机缘而变现出来的佛身。但是大多数人在这个概念上不是很清楚。我们要知道，这里所说的应（化）身是通指佛的应身，就比如佛陀般的缘起身体。当下的肉身即是应身。

第二节 “佛法三身法”的功用

通过对“佛法三身”概念的理解，再对佛教经典去认识，打破了过去大乘、小乘、圆顿、显密，或相、心、性等等各宗判教的分类法。变成“以讲授哪种修行方法”为标准来划分佛经各自部分。以三身法对佛教经典进行分类：主要讲述应身修法的经典、主要讲述报身修法的经典、主要讲述法身修法的经典。例如：《金刚经》主要是讲法身修法；《阿弥陀经》主要是讲应身修法和报身修法。这种经典分类法，涉及相应的修行方法分类、理论分类、根基分类、修行的阶段分类等，内容严谨、实用。

以三身法对修行目的来细分，可分为：应身成就（往生、罗汉果等）、报身成就（如本尊法等）、法身成就（如圆觉、开悟、见性等）。

以三身法对修法理论分类，可分为支持应身修法成就的理论、支持报身修法成就的理论、支持法身修法成就的理论。同样，回向的方式也要与各自修行目的相应。

以三身法对修行阶段加以划分：比如在生活中，依“应身”缘起法；观修，依“报身法”（如梦如幻等）；而法身（无为法、无分别等）成就，可以安排到往生极乐世界后，再去修行。

以三身法对根基的划分：根据每个人智慧福报的不同，来判断、选择自己修法目标是应化身的净土成就、还是报身成就、还是明心见性的法身成就。

同时，针对不同对象（菩萨、比丘、居士等）的不同修行方式，对佛经进行三身判教的分类。

三身法会让居士认清自身是五浊凡夫，身负社会义务、家庭责任的共业。这样，修行的整个脉络就理清了；同时也为佛法的入世化、极乐世界的信仰，打开了理论上的瓶颈。

从划清“法身修法”与“报化修法”的界限，到划清出世修行与入世修行的界限，对修行者、教界理论而言，此观点都很重要。只有清晰地界定界限，才能真正认识、实行入世修行、真正的大乘菩萨行，放弃过去那种求圆、求玄、求顿、求高、求齐，而没有多少实际功用的企图、倾向。

到此，才达到“修法的合理化、缘起化”的目的。重视理清佛法的脉络层次、应机契理，反对传统佛教中的含糊笼统。提倡依法不依人的主智论态度，反对不求甚解、依人不依法的反智论以及个人崇拜风气。

正确应用法报应（化）三身概念，可以圆融解决佛教理论界，长期存在的根本性分歧：如性寂与性觉、缘起与真如、中国佛教与印度佛教；可以突破现代中国佛教发展的理论瓶颈，进而提出最佳的应对方法。

不依而修即是法身，依观而修即是报身，依缘起而修即是应（化）身。

对于三身的不断深入讲解及认识，将是伴随我们不断修行进步的过程。到准提法网络佛学院的中级班，还要讲一念之中具足三身修法：能起想者是应身，觉而未起是法身，预起是报身，已起之念是化身等等具体的修法和技巧，以及各个宗派的关系。

第三节 “佛法三身法”的历史意义

新时代的佛教行者，要意识到时代赋予自身承上启下的重任，看清“三身法”在二十一世纪佛教事业再发展中的历史意义，认真学习理论、宗旨，以自身世间和出世间的圆满成就，光大佛教！

应用无自性观念的解析法，全显各种理论的弊端与优点：既揭示出佛教发展必顺应现代社会多元化的倾向，又指出末法时期的人心浮躁以及对治修行方法，从而凸现佛教缘起思想的重要意义。在这种理论指导下，人们自然会关心社会、关心他人；佛教入世，成为一种必然，而不是逃避现实或与现实对立。

通过下面的文章，慢慢理解佛法三身的三个概念。

《准提法开示集》选节

我们步行的时候可以边走边心中默念，遇到了熟人同事该如何呢？对！观他是准提菩萨，或他的头上有准提菩萨，当下要生起欢喜心。千万不要见了人不理不睬，两眼看着地，满脸是晦气，口中嘟嘟囔囔的，知道的明白你是念咒，不知道的以为你发牢骚呢。这可绝对不是准提法弟子的样子啊，我们可不要这种状态和形象。

在家里修行，会遇到有人来拜访。叮咚，门铃一响，一般人会想“这是谁啊又来打扰我来了”，这样想对不？不对！我们要想这是哪位准提菩萨要来加持我了，要抱着这样的欢喜心。因为人和人之间是有感应的，你见人欢喜，人见你才高兴。

准提法就是这样可以融入生活，但要注意观想的境界和现象界的关系。观想属于报身境界，而我们日常生活属于化身境界，化身境界要按世间的因缘法则来办事的，不要把关系搞错乱了。那边一个人扔过来一块板砖，你即使观他是准提菩萨，也要躲啊。

许多人在法、报、化三身问题上容易混乱，分不清见、修、果的关系。因此在自己修行和学习过程中，处处遇到矛盾。

法身常寂，本自圆满，无形无相。如来，好像是来，其实本在；不去不来，如来也。佛在《金刚经》上讲，“不可以三十二相见如来，若以色见我，以音声求我，是人行邪道。”这是指的如来法身。但是在临终阿弥陀佛西方三圣踩着祥云来接你时，你来个不求声色，不认为是佛来接你，那就麻烦了！所以对佛法三身法的概念不要错乱。好多人搞不清《金刚经》上说：不以声色求我，为什么阿弥陀经还让我们念佛号，观想佛的相好庄严呢？这不矛盾吗？矛盾在哪里啊，就在这里：混淆了法、报、化之间的范畴、界限。

如果你把法、报、化关系分清了，学佛就自如了，就不会看佛经觉得有矛盾了。我们的肉身是应身、化身，是要按世间法缘起办事的；我们观修的是幻身、报身，当我们业力支撑的应、化身消失或清净时，我们的幻、报身就显现了。有人夸张说，哎呀！你念佛念得好啊，极乐世界里你的那朵莲花都开了啊，都有莲位了。

你经常念诵、观想、观修佛菩萨，你的功德就积累，到一定时候，你的身心世界就真的变了。但你现在还有障碍，所以在理论上，要法、报不矛盾，在实践上，要报、化不混淆。（这里主要讲了三者区别）

准提法回向：行者最容易犯的错误

我常常提醒，千万不要割裂准提咒圆咒的特点，不要避开世间法。对于准提行者来说，修法最重要的是不要回向法身和空性，不要说“三轮体空”的修法好呀，层次高。我们暂时不要求三轮体空！我这样说，不是说三轮体空不好，因为要达到这个“空”很难。你不知道什么是真正的空，往往你那个“空”是“断灭空”，都是“偏”空。在这种“空”的曲解下，你去“三轮体空”地修行，最后的结果，那真是“一场空”。

我们还是老老实实，“宁可持有如须弥山，不可执空如芥子许”。实实在在、真真正正地按“缘起”来修行，按“缘起”来做事，才符合我佛之本愿。

《圆觉经》讲义节选

佛进入了法身境界，进入一真法界了，但是这个重点是什么呢？重点在于这个一真法界现诸净土。也就是说，佛是从他的法身又化现出报身来讲这部《圆觉经》的。这一点大家一定要明白。但除了净土以外，众生所居的这个世界又是不是法身化现的呢？也是法身化现的，也都包含在佛的这种圆满觉境当中。所以说一切唯心所化现—— 这个心不是凡夫的妄想心，而是一真法界的真心。读修一部佛经，我们首先要了解佛是在何时、哪种境界中讲这部经的，这很重要。因为如果你不知道是法身佛、化身佛，还是报身佛讲述的话，很可能就会出现一些理解错误。

经书中讲一切皆弃，全部都不要，最后有个东西扔不掉，那就是佛的觉心。如果你是学净土宗，专念阿弥陀佛佛号，就属于报化身的净土，如果修这个法门你不执着相的话，你就往生不了西方极乐世界。如果你对法报化三身分不清的话，你就会感觉到经与经之间是相互矛盾的。

同样，学习《圆觉经》这点也很重要。这部经是教佛子求圆觉，不是用来做世间法。如果用佛法来指导自己做事情、干事业的话，缘起法很重要。而《圆觉经》不是用来修世间法。所以大家一定要分清楚，哪些佛法智慧是用来修法身的，哪些是修报身的，哪些是修净土宗等等，一定要把这个范围划分清楚。

很多修佛的人往往相互攻击，最重要的一个问题就是大家所讲的内容不一致，等于是在用两个范畴的内容在争论。特别是关于心的概念，讲一切唯心，对心的概念都不是很明确，从而造成你说你的，我说我的，根本是在两条平行线上前行，不在一个范畴里。

《圆觉经》是讲法身的：一切如幻。为什么说缘起不存在呢？因为缘起是相对的，是诸多条件和合而成的。如果觉性还需要其他的条件来合成的话，就不是圆满的觉性了。因此在这个圆觉中，其所证者是“无得无失无取无舍”，其能证者，是“无作无止无任无灭”。这是讲定义，但我们的生活不是定义，是按缘起来生活的。所以法身、报身、化身他们的修行方法是不能够错乱的，否则就会造成该修行的时候没有修行，生活的时候也不能好好生活。实际上，我们做事是化身的行为，要运用缘起来做事。而报身就是一切唯心造——我们种种的观想，种种福德的积累，所以报身以观想为基础。化身以缘起为基础，法身以离妄为原则方法。如果你把这个错乱了，就很麻烦了。比如说去吃饭，你说一切都妄，饭也妄，吃不吃都行吗？不行吧。一个人是这样，一个国家也是这样。说到法身，如果你过多的宣扬法身，个人也好，国家也好，都会走向虚无，如果一切都是没用的，那社会国家怎么发展进步。如果你报化没起作用，你性命都没有了，你拿什么来证法身？所以说不能偏执。如果你太注重报身，就是太注重物质，还有观想的事物，都不按缘起办事，也不行。你只坐在那里想"原子弹，原子弹"，理论上还是会出来原子弹，但那要很长时间，我们还是要按缘起办事情。法报化三身的概念，如果没有处理好，学佛容易学成错漏。你会不知道自己该干什么，做什么。通常是你以为在按佛法来生活，实际上却错上加错。很多人学佛，越学智慧越差，事业也不好，就是并没有真正了解佛法的意义。用法身的方法来修报身，或用化身的方法修法身，这都是错误的原因。

学《圆觉经》一定要知道，这是讲第一义谛的，不是用来指导你的生活和事业。只有我们证悟到那个觉性的时候，它才能真正在我们的生活中起作用。

在这之前，我们始终是在观望，哪怕你证到很高的境界，也还是虚妄的，不能起用。所以佛在后面也讲到一个止观禅的方法。用观的方法就是在你没证到觉性时，也可以变换世间。每部经都有重点，《圆觉经》的重点放在禅上，放在意念上，止和观讲得不是很多。因此对这一部经的重点一定要认识好。我最怕我们学什么就执着什么，令自己的生活发生错乱。学佛法一定要分得很清楚，经典中讲的法到底是针对哪方面，这点很重要。

佛教历史上也有这方面的错误。大乘佛教也好，藏传佛教也好，都出现过这种现象，同时也有很多人把这个方法遮止住。比方说，在禅宗出现以前，华严也好，天台也好，他们都以经论为主，名相的东西比较多。自达摩来了中国之后，梁武帝问他：我修塔有没有功德？达摩答没有功德。实际上，梁武帝所做的功德是在报身上的功德，但是禅宗初祖达摩是从法身的角度来回答这个问题。从法身上讲就什么都没有对不对？说的都对！其实他俩是从两个不同的方面来讲，我们现在来看谁说的都对。但有可能在当时人们太注重报身的修持了，所以达摩通过禅宗来纠偏，让大家把原先的放放，将注意力转移到法身上。但后来结果矫枉过正了，大家到最后几乎都不修福报，变成口头禅了。到了明清的佛教，基本上都说自己开悟了，结果把佛教变得什么都不是了，自己也什么也不是。

因此，我们学经也好，修行也好，都要持有中道的思想。如从第一义谛的角度讲无分别智在法性上很重要，但是有分别的这种智慧也很重要。如果没有思维的智慧，你们现在根本就听不了《圆觉经》。所以，它俩（无分别与有分别）也不可以说哪个好，哪个不好。中国禅还是偏于以无分别为主。其实你不能说无分别是好，就说有分别是错了，不过是立足点不一样。认为学佛不用动脑子思考，这是极错误的观点。

学佛一定要有觉知，你连觉知都没有，怎么学啊！所以学佛还是要思考。从报身的角度来看，报身是种观想。什么叫观想？就是推测。例如，我现在去坐公共汽车，我用报身的修法就是去观想我怎么去到车站，外面有两条路，我可能走哪一条，怎么过马路，上了车我得先拿钱，零钱要准备好……对不对？这实际上就是报身的修法。观想——就是要有计划，是报身的应用。

这就是有分别法和无分别法的区别，我们要看是从哪方面出发。如果一个人完全达到那种觉性的无分别状态，即认为自己的车都是你自身的一部分了，就是达到了身心合一的境界，外境和你的心也合一了。若是外境是你心的一部分，那你是可以控制车，当然不用再去坐车或做事了。不过，对一般的人来讲，这种成佛的境界离我们是很远，如果你要行事的话，那还是以报化为主，只不过你不要去执着它。你不要说，我观想好了从这儿走，结果有车挡着你还从这儿走，这不就是执着了吗？我们还必须按缘起办事。每件事都得按缘起，有各种因缘条件才有可能成功。所以学人比较愿意用“推演”这个概念，推理演算的意思。自己要愿意去推演，既然一切都是缘起的，那好，我一切都愿意去推演。学佛的人无论在做什么事以前，按道理说都应该推演推演。你不推演就是不重视智慧，对不对？你应该推演，去想想前因后果。如果你不愿意推演，你就不理解缘起性空。你要是认为事物是缘起的，你就应该进行推演。你看一件事要成功需要哪些条件，然后把这些条件具备了，事就能办成。这才是按照佛教的道理来做事。如果你认为，念个咒就可以等着天上掉馅饼，那就是不善于运用缘起。所以这报身的境界，是通过观想回向来修；对于化身的境界，则是通过运用缘起性空的中庸之道来对待它。

学习此经，我们要去体会佛的境界。想要真正达到佛的圆觉境界，我们也可以，等我们往生极乐世界，到时佛还会再给我们讲《圆觉经》。当然，最笨的方法也有，如果你闭不了一百多天的关，那你可以不用闭关，当下去修。这些佛都讲了，确实也可以去应用，但是你不能整个生活之中都用这些概念。这不是我们这种根性的人所能做到的。

我们一定要分清法报化的关系，第一义谛和报身，第一义谛和化身的关系，第一义谛跟缘起性空的关系。这些关系理顺之后，你学佛、学经和生活之间才能圆融无碍。不然，你会遇到种种的矛盾。

比如，《金刚经》讲："若以色见我，以音声求我，是人行邪道，不能见如来。"那我们念阿弥陀佛，还有做观想，从《金刚经》看来，是不是都行邪道了呢？这就看出矛盾了。现在我们从"三身法"的角度理解，还矛不矛盾？自然就不矛盾了。

法身到极乐世界去修，现在的修行重点放在报、化上，这才符合当代多数众生的根基。

空与善法欲、法身与居士——佛学莫执空（选节）

中国佛教后来走了另一个极端：不立文字！这也是个极端。学佛没有基础的人，一不小心钻进去，就容易出不来，所以不可执空如芥子啊。只有把概念理清之后，知道它的利弊在哪，你才可以抛弃它。

缘起性空，是不是绝对的？不是！我们还要跳出缘起。怎么跳出缘起？就是有一个更高的、法身的修法问题——修法身！我不建议你们追求法身的修法，到极乐世界去修法身才安全可靠。因为法身修行，需要放下色身。你们都能放下色身吗？有几个能放下的？

如果你是真如空概念的承担者，那就会偏向法身的修行。一般，禅宗的修法思路，比较偏于这个方向，并往这个方向发展。禅宗思想传到西藏时，就此进行过辩论。藏传佛教就不接受中国禅宗这种"不可思议的法身"的修法。从教理看，禅宗能修到最高境界，但它的报、化身不圆满。这种高层面的修法，对大多数众生是不实用的，是有所欠缺的。如果专门从法身来讲，怎么讲都可以的，一切都是空：众生也不存在，欠缺也不存在，或者欠缺就欠缺。要抱着空性就是成佛的见解，这个目标就太高了。如此高的修行目标，会让你的生活与修行脱节。若空性是真如的话，心生万物，一切都是唯心所造、所现，那你可以随意变换世间，那你给我变出一台最新型的电脑，行不行？思想追求上就会趋向无思、无二、无为，或反方向的放任无忌，就会轻视现世的缘起，不能活在当下的时空。这在佛教的发展史上，也可以看到其弊端。所以宗喀巴大师，干脆把《心经》的空改成：空即是色，色即是无自性—— 他把真如空改成自性空。可以说是个矫枉过正的做法！

从整个佛法修行来讲，我们不提倡对法身的追求。法身也不用追求，自然法身，自然圆满！我们更重视缘起的佛教思想。

上面所讲，主要是让我们一定要划分好佛教的基本概念。基本概念不清，会造成我们思想混乱。跟人谈论佛教，也易引起争辩。争论后，常常发现，双方说的根本不是一个概念内涵。

初学居士如何选择法门（节选）

法、报、应化三身的划分

三者的各自修法是绝对不同的。如果不把这三者划分清楚，会造成思想上的混乱。比如《金刚经》上说，“若以色见我，以音声求我，是人行邪道”是让人不可着相，这是讲的法身修行。《观无量寿经》让你观落日、悬鼓，天天想太阳、鼓、庭台楼阁的形状，阿弥陀佛眉间毫毛是什么样子等等。修的是什么？净土。是报身的净土。善导大师，说念佛可以看到阿弥陀佛。有人会说这是着相！那不是阿弥陀佛，《金刚经》不是说佛是没有相的吗？类似这样的矛盾很多。

又比如戒律方面，是讲缘起条件的：你的这个应化身应该如何行事的法则。但是对于求法身的修行者来讲，功德都是没有必要。所以达摩祖师才说梁武帝没有功德，禅宗讲什么都放下，讲究不二；那好！你杀人与不杀人，都是不二。那你能杀人吗？这边杀了，那边警察就来了，你还说自己不二吗？因此我们要对修行的方法进行划分，哪些是法身修行方法，哪些是报身修行方法，哪些是应化身的修行方法。如果混淆了，会产生混乱。

我们从佛教思想的发展，进入中国的情形以及我们面对的现实复杂情况等方面来看，如果你不按照三身判教的方法修行，学佛会走很多弯路，我们可能无法准确地选择好适合自己的法门进行修行。

现在的社会关系复杂、竞争激烈，我们需要选易行道；我们要选择居士修行的方法；我们对法、报、化三身的修行方法要明确。当我们明确下来，你到底要修哪个法门时，你需要取舍，有些般若类的经典，比如《金刚经》、禅宗等，是以修法身为主；密乘，基本是修报身，这是一种倾向，不是绝对的；律宗是修应化身；华严境界，就是融合法身和报身。各个宗派经典之间的关系，在你深入学习之后，就会掌握了。当我们掌握了这个大的理念框架之后，才真正能把有些修行问题，放在大缘起中来讲，就可以有正确处理的方法。

第四节　色即是空，空即是色

问：“色即是空，空即是色”比较抽象，希望高七师具体地阐述。

答：《心经》浓缩了整部三藏般若部的思想，是般若部的精华。但对大多数人来讲，应用却很难。

我们通常只把它作为大乘经典来读诵，在读诵过程中，得到功德。如果要理解色、空的关系，则不是一两句话，就能解释清楚的。我想，首先要把二者的概念界定好：色是什么，空是什么？上面文章中讲了很多的空，“色即是空，空即是色”的空，应该归入哪种呢？必须把它放在“真如空”概念上来理解。空，不是“空”，它是“满”——全体！

理解上述概念之后，就知道，如果不是追求法身，理解了也没有用！别人打你，能说“打就是不打，不打就是打”吗？有这样说话的人吗？如果有！那我一定要暴打他。

我们读诵《心经》是持什么目的来读？比如做早课读经，把这功德回向我往生极乐世界，那是把《心经》作为往生的资粮，提高我们的智慧，绝对不是用它来真正指导我们的修行。

如果想修法身成就，就好好领悟《心经》的实质。我们要知道《心经》是般若的核心，对般若在佛学思想中处于什么地位，我们要整体地了解。这样，对《心经》的理解才会更深。

“色即是空，空即是色”，空，不是那个“空”，它是“满”——全体！要这样理解。

要真正理解“空就是满，就是色”这个概念，最好预读道大师的《显密圆通成佛心要集》，他对心的概念，有一套详尽地系统分析。

大多数人读《心经》，是把它作为体悟自己灵性的方法：今天是什么意思，明天又有什么新理解，都是来源自己的灵感。这样的话，还是《心经》吗？绝对不是《心经》了，它已经变成“新惊”了。你把它作为体验自己禅定、悟性的一个手段、方式了。

《心经》讲述的佛法是非常好、层次非常高的，它主要是真如空的概念。

第五节　三身判教问答录

问：佛经上，对法报化三身的划分，好像提得很少，我基本上看不到。

答：这是我结合自身二十多年的修行，以及参访高僧大德总结出的一种方法。准提法网络佛学院的佛法修行中，全部秉用这个法报化三身判教：哪部经是讲法身的，哪部经是讲报身的，哪部经是讲化身的。

问：读佛教经典时，区分法报化三身有没有一个标准？

答：理论上，简单地讲，如果是涉及缘起和福报的内容，所讲的就是指“应化身”。如果讲观想、造作、持咒，这些从法性上流露出的一些东西，一般都是指“报身”。讲到第一义谛，就是指“法身”。如《金刚经》讲空，它就是讲法身。而说到佛国净土内容的，包括阿弥陀佛、药师佛、地藏菩萨等，一般都是与报身有关。

举个例子，这只录音笔，如果从化身来讲，我需要用钱去购买它；如果从报身来讲，我就可以用观想的方法来拥有它；如果从法身来讲，录音笔本来就有，无需造作；所有地方都是录音笔，也可以说所有地方都没有录音笔。录音笔的功能，只是法性的一个显现而已，所以，既可以是，也可以不是。区别就在角度与方法上，还是不一样的！

问：报身就相当于我们想出来的东西？

答：其实从根本来讲，一切都是想出来的。不过众生是妄想，佛菩萨是清净觉性。（有人问：“那化身也是想出来的？”）从根本上讲都是想出来的。不过你对想出来的东西重新进行造作，你就进入轮回了，那就是应化身。你这个应化身是要靠缘起法做事情的，是很难当下心想事成的。

问：有些搞数学的人，他可以在头脑里构建一个数学王国，他们的这种观想也相当于净土吗？

答：那是他们自己造作出来的净土，但不是圆满的。共同的世界是我们共同妄想出来的。比如，大家看到笔记本，从理论来讲，如果大家心中没有"笔记本"这个概念，就摸不着它。但问题是，只要你一出生…… 你为什么会生在这个世界？就是我们都有这个共业。一个小孩儿你拿这个笔记本砸他一下，他也疼。因为他意识里有这个概念。

问：是不是每一部经都是一种单独的修行方法？

答：每部经典各不一样。有些经典只研究一个问题；有些经典是讲全面整体的问题。如果讲靠佛陀的力量，持咒的力量，那就偏重于报身。在《圆觉经》中，佛提出了止、观、禅三个修行法门的分类方法，其中如梦如幻观的法门修行的进度看似慢，但是它比较稳，如苗渐长。这观想就是造作。（有人说：无中生有的？）对！比如说这个笔记本是假的、幻的，你们都不信。然后我就在这个笔记本旁边依靠观想，真观想个笔记本出来了，你就信了。观想可以改变世界！变幻世间！渐渐你的生意发生变化，家庭发生变化，这就是变幻世间了。所以说，现代人还是偏重于用观的方法，念佛啊，持咒啊，靠佛力啊……

观，实际上是报身的修法。通过观，你就知道如幻了，你对幻才有认识。现在给你讲幻，你的认识还只是凡夫随顺觉。只有通过止，在止基础上显现如幻…… 这些内容今后还是要详细讲。所有的修行方法，你们要是会了的话，运用止观禅和法报化，这两种方法可以将所有修行的理论重新分配。这样，好多佛教理论上的问题都可以解决了，要不然学佛是庞杂难懂的。如果你学准提法，不学三身判教的理念，基本很难学有所成。因为只有三身判教才能圆融出世入世的矛盾。

问：报身的修法可以改变化身的缘起吗？

答：化身从根本上说是从报身来的。从法身来讲，佛土世界也是无明，以后大家会明白。报身的修法是可以改变化身的缘起的，这与修行的程度有关，不适合初学。

第二章
近现代中国佛教发展的理论瓶颈及应对

关键词：正确应用法报应（化）三身概念，可以圆融解决佛教理论界长期存在的根本性分歧：如性寂与性觉、缘起与真如、中国佛教与印度佛教。

前言

佛教的入世化，是世界宗教发展的必然。在客观上，要求教理发展，能指导入世的修行，这就存在一个理论上的涤清过程。无论是印顺法师的回归印度，还是支那内学院对于佛性论的批评，无非是希望为中国佛教的再发展，在理论上有所突破。但是这种全盘否定中国佛教的方式，并没有真正深入教、学两界。虽然中国台湾的佛教入世化有所发展，但仍然是解行难一，理论上如履薄冰。充其量，只能算是佛教经济化的成功而已。现在我通过广泛的研究和论证，提出了“三身判教”的理论，希望能突破中国佛教再发展进程中的理论瓶颈：既能实现太虚、印顺等大师所提倡的佛教入世的目标，又能肯定中国佛教“禅、台、贤、净”的价值。

第一节　中国佛教没落的现象

清末的佛教宗派，在时代变革潮流的冲击之下，天台宗、华严宗早失去了昔日的活力，而禅、净二宗成为中国民众信仰的两大主流。然而，当时净土法门在社会上以赶经忏等佛事活动来营生，成为人们认知佛教的主要形式，对现实的逃避性已经阻碍了当时社会的发展，致使社会主流思想及知识分子严重地歧视佛教。

唯识学虽然复兴，但即使在日后，也只限于在知识分子范围内流传而已，而非一般人所能理解。因此，传统的佛教思想，并无大的改变；以至于如今的中国佛教之发展，望古愧于唐宋明，与今则难比日泰缅。

第二节　中国佛教没落的外缘分析

清末中国佛教的艰难处境，源于时局变乱。一方面是鸦片战争后，西方势力的涌入，特别是外国传教士藉此机会，在中国境内大肆破坏神像、摧毁民族信仰、侵夺教产，造成各地层出不穷的教案。另一方面，则来自清朝政府政策上的压迫，因张之洞

（一八三七—— 一九零九）在戊戌变法之年，著《劝学篇》，主张用全国寺庙财产给学校，作为兴办教育的经费，获朝廷批准。后虽由西太后废止，然各省土豪劣绅始终觊觎寺庙财产，并进行强占，使佛教经济陷入更严重的危机。

第三节　中国佛教没落的内因分析

欧阳渐曾分析中国传统佛教的缺失，其论点与印顺法师并无二致，大体如下。

一、禅风：偏空偏圆 弃教离宗

幻想开悟之后一了百了，而忽视愿行学熏。他批评禅宗的‘直指本心，不立文字，见性即可成佛’，说其是‘盲修之徒’。自禅宗入中国后，盲修之徒以为佛法本属直指本心，不立文字，见性即可成佛，何必拘泥名言经典？殊不知禅家绝高境界系在利根、上智、道理凑泊之时。其于无量劫前，文字般若熏神极久；即见道以后亦不废诸佛语言，见诸载籍，非可臆说。而盲者不知，徒拾禅家一、二公案为口头禅，作野狐参，漫谓佛性不在文字之中。于是前圣典籍、先德至言，废而不用，而佛法真义浸以微矣。

二、宗风：脱离社会 排斥异己

‘视世出世智截然异辙，不可助成，于是一切新方法皆排斥不用，徒逞玄谈，失人正信’。欧阳渐以为，当时流行的净土宗，即是实例。

三、学风：求玄求奇 不依经教 师说横行 文辞纤巧 释义模棱

‘中国人之思想，非常儱侗，对于各种学问，皆欠精密之观察’，以致于‘谈及佛法，更多疏漏，在教理上，未曾用过苦功，即凭一己之私见妄事创作，极其究也，著述愈多，错误愈大’。不应经教，师说横行。‘学人之于经典著述，不知抉择。了义不了义乎？如理不如理乎？皆未之思也，既未之思，难免不误。’

四、教风：谈玄说义 求圆高推

批评天台和华严二宗：“自天台、贤首等宗兴盛而后，佛法之光愈晦。”又说：“诸创教者，本未入圣位（原注：如智者即自谓系圆五品位），所见自有不及西土大士之处。”中国佛教的理论与修行，说起来应称之为最大乘的修行。但从实际发展情况上看，引用太虚大师之说法：“说大乘教，修出世行”。即学佛之人普遍的是行小乘出世行，可谓求圆求顿，少有真正按照大乘真义入世修行的，结果圆法无修、渐法逐弃。顿根稀星、偏圆皆失。

第四节　印顺法师等人的理论批判与改革实践

对于此弊端，支那内学院的欧阳渐和其首座弟子吕澄，以及太虚法师门下的杰出佛教思想家印顺法师，都进行理论分析，提出对隋唐以来已经定型的中国式佛教的全面否定。

一、从性觉问题入手对法身真如思想的批判

吕澄以为中国佛学的核心思想——有关心性方面的理论，虽然源自印度，但是从北魏以来，透过中国佛教思想家的变通与调和，终于生成与印度不同的理论体系。依吕澄的看法，印度的心性思想可以称为“性寂（自性涅槃）说”，中国的心性思想则为“性觉说”。这两种思想，追本溯源，都可以从巴利三藏《增支部》一一七经中发现到端倪。尽管两种思想可以说是同源，但发展到后来，中国佛教思想则颇为歧出，而与印度佛教大异。

吕澄论述：‘性寂说’是印度佛教的本义。意谓众生的心性本来清净，与烦恼并非同类。烦恼的性质是嚣动不安的，偶然发生的；而心性则是寂灭的、寂静的，是不为烦恼所混乱、动摇的。烦恼起源于对一切现象的错误认识。因此，如能逐渐理清错误的认识，陆续改变此前依据错误认识所做的行为，不断地舍染转净，则自能达到解脱的境地。由此可知‘性寂说’是众生之修行实践、转染成净以趋解脱的理论基础。

至于中国佛教的‘性觉说’，则是由魏译《楞伽经》开始，加上《大乘起信论》、《楞严经》、《圆觉经》等伪托经论所逐步发展出来的理论。这种理论以为，人心为万有的本源。妄念、烦恼的本质就是真净，众生的觉性本来自存，只要妄念一息，本来面目一恢复，则是解脱。因此，‘性觉说’的修行重点在于返本还源，而不在去除染污。天台、华严、禅等三宗的心性理论，都贯穿着性觉思想。吕澄以为与印度‘性寂说’比较起来‘性觉说’有下列谬误：

（一）从性寂上说人心明净，只就其‘可能的’、‘当然的’方面而言。至于从性觉上说来，则等同‘现实的’、‘已然的’一般。这是中印佛学有关心性思想理论的重要区别。（这是中国佛教开悟以后认为一切圆满的基础。）

（二）盖性寂就所知因性染位而言，而性觉错为能知果性已净。由性寂知妄染为妄染，得有离染去妄之功行。但由性觉，则误妄念为真净。极量扩充，乃愈益沉沦于染妄。（性寂、性觉）能所异位，功行全殊。一则革新，一则返本。（革新在于信愿、返本重于舍弃）

中国佛学的主流—— 天台、华严、禅三宗，既然是立基于这种错误的‘性觉说’，则其信仰价值是不值得肯定的。吕澄曾公开宣称：“我国佛法自奘师一系中绝以来，正统沉沦，经千余载。其间虽有禅密台净之继起而盛，然于佛法精神背驰日远。”

二、真常唯心系的角度批判法身真如非佛说

印顺法师以为佛教经过长时间不同地区的流传，为适应新时代新环境产生了很多的改变。在这些改变之中，有些是合乎佛法原理的发展，有些则是悖离佛法原理的过度适应。在印度的佛教发展史中，他重视原始佛法及初期大乘思想。在大乘佛法的空、有、如来藏三系思想中，他认为龙树的中观系与无著、世亲的瑜伽行系较为合乎佛法本义，而如来藏系的理论核心，则距离佛法较远而接近印度佛教思想。

在印顺的著述里，如来藏系思想被命名为‘真常唯心系’，其经论主张众生的生命中有‘真我’，主张一切众生本来就具足如来藏、我、佛性与自性清净心。印顺认为这是‘佛德本有（本来是佛）论’，是佛法为适应印度佛教神学所引起的误解。这种误解，终于在印度大乘佛教后期成为一股思想界的逆流，而淹没了佛法的真实面貌。

基于这种认识，印顺对中国佛学也有与常规佛学界不同的看法：

（一）印度后期大乘佛教的真常唯心系思想，是一种偏离佛法本义的思想逆流，而中国天台、华严、禅宗等的思想则皆承继此系思想而来。因此，中国佛学的信仰价值自不如原始佛法与初期大乘佛法。

（二）中国佛学的特色是：理论至圆、方法至简、修证至顿。具有这种特质的佛法，信徒往往急求修行成就，推崇隐逸自修。至于对大乘菩萨道之重视布施利他的大悲行持，以及集体修行的团队精神，往往付诸阙如。

在此，如果比较印顺与吕澄的佛学看法，我们会发现两人之间有若干地方是相通的。

印顺所贬抑的佛德本具论（真常唯心系），与吕澄所排斥的性觉思想颇为类似。把佛教发展的理论障碍，同时定义为佛性思想、如来藏思想产生的修行和佛教发展的思想理论根源—— 认为如来藏的影响是后来谈空、不依缘起、似大实小的主要因素。

印顺是走向以原始佛教《阿含经》之‘佛在人间’的思想为中心的‘人间佛教’；欧阳渐则站在印度唯识宗祖师—— 护法（Dharmapala，约 530 ～ 560）的瑜伽行派的思想观点，来谈回归。两人尽管所重不同，却都是主张回归印度佛教，来挽救佛教的发展。

三、应用辟斥“伪书”，来动摇大乘空性法身思想非佛说。

对于佛学界某些疑伪经论的揭发与辨伪，本来是学术界常有的论题。但是，现代中国佛学界对伪书的辟斥，与学术界单纯地求真的目标并不相同，其背后还具有一定的宗教目的。

现代中国佛学界的伪书辟斥举措，主要目的是指出常规中国佛学的某些重要理论依据，实际上是出自某些不可信的伪撰，从而反显出这些中国佛学理论的缺陷与不足。民初以来，从事这类评破举动的教内人士，主要是支那内学院一系的思想家。被他们列为伪书的虽然有《楞严经》、《圆觉经》、《仁王般若经》、《占察经》、《大乘起信论》等书，但主要的破斥对象，则以“楞严”与“起信”二书为主。

为了使中国佛教回到正途，吕澄曾撰文“楞严百伪”与“起信与禅”来辟斥“楞严”与“起信”。如前所述，吕澄认为这两部书的心性思想，都是误解印度纯正佛法而成的‘性觉说’。由于它们的错误导引，致使中国佛学舍‘性寂说’之正途而步入‘性觉说’之歧途。

就天台、华严二宗的义理内涵而言，二宗的义理体系，都取自于《大乘起信论》。《大乘起信论》一书的内容，与《般若经》、瑜伽系经论中所说有明显的冲突。“贤首、天台欲成法界一乘之勋，而义根起信，反窃据于外魔。盖体性智用，樊乱淆然……”像这样的义理体系，当然是有问题的。也同时导向了对于《楞严经》、《大乘起信论》的批判。

基于这种看法，欧阳渐所推荐佛教徒阅读的书，也都全属印度经论，而不涉及于中国佛学著述。在《支那内学院院训释. 释教篇》中，他认为‘新学菩萨’必须先读下列四类印度佛典：（一）俱舍类。（二）瑜伽类。（三）般若类。（四）涅槃类。融贯这四类经论，则能‘先得佛之知见，念念皆一切智智’，修行时才有基准。观照般若才能正确不谬，实相般若才能相应。

第五节　教界的坚决反对

这些思想家在否定常规中国佛学的信仰价值之余，也提出了他们心目中的理想佛学体系以为对治方案。尽管他们的对治方案并不全同，但却有一个共通的态度，此即‘回归印度’的倾向—— 他们以为中国佛学是不圆满的。以为理想的信仰理念，应该再回到印度佛学体系中去觅取，但这种反民族化的信仰倾向不会被大部份中国佛教信徒所接受。

《楞严经》是唐宋以来少数最受中国佛教徒欢迎的佛典之一。有关该经的注疏或相关著述，在各版大藏经中总共收录五十余部。在近代中国佛教界的重要弘法人物中，也大多对该经甚为推崇。其中，圆瑛、谛闲、守培、倓虚等常规佛学界名师，都对该经撰有注释性的著作。即使是以改革中国佛教著名的太虚，也在年轻时对该经至为喜好，其后也著有《楞严经研究》与《楞严经摄论》二书，且一生以该经义理为其思想宗本。此外，《楞严经》中所录的楞严咒也是中国各大寺院早课中的必诵经咒，可见这部书在常规中国佛学界及佛教界的深远影响。因此，对这部书的评破，必然遭到中国佛教教内的不满与反击。

让教界最为不满的是印顺的另一个极端思想：断定阿弥陀佛的信仰—— 可能是为了适应西方的异教思想。印顺除了宣称西方净土是一个‘异教思想’之外，更重要的是他认为，净土宗是一个厌弃现实的‘此方’，而追求虚幻的‘他方’世界的信仰。这和他所提倡的‘人间佛教’，有着本质上的矛盾。但是得到印顺法师支持的以小乘禅定为主依的现代禅，最后随李元松的因病反思归为净土真宗，其教团全部改宗，宣布了印顺法师此思想的实践破灭。

虽然太虚法师提倡兜率净土，但还没如印顺法师这样极端。若以生死大事的代价换来的人间佛教，绝对不会被中国佛教徒所接受的。

佛教的理论瓶颈仍然存在。这个瓶颈就是理论混同、在求圆中混同缘起与真如，之后，认为最高的是法身圆满也就是一切皆无。如此，自然向行为上的偏空发展。这就造成了“口头的”大乘佛教，其实是避世的，说是修大乘法，其实到处是小乘的影子。入世，内心不平报怨消极；出世，则热心经济运作称为佛业。貌似人间佛教、人生佛教，其实，是逐渐淡去了佛教色彩的经济运作和宗教共通的社会慈善。

第六节　新的理论发展

准提法网络佛学院的“三身判教”及其理念，对上述问题或瓶颈，有很好的解决途径。这不仅在佛教研究理论上有突破和发展，而且，在佛教的实际推广上更符合宗教社会学原理。其准提理念的历史意义，堪比新教中加尔文的宗教改革。

与太虚法师、印顺法师等人相比，虽然在对中国传统佛教理论弊端的认识上，有相同的看法（偏空性、轻缘起、难入世），但对于回归佛教经典的入手点却不同，而是采用“三身判教”的方法。与印顺法师把真如说定义为非佛说非常不同，三身判教是认同真如观发展的客观性、必然性和缘起性。并应用无自性观念的解析法，全显各种理论的弊端与优点：既揭示出佛教发展应该顺应现代社会多元化的倾向，又指出了在末法时期的人心浮躁以及对治修行方法，从而凸现佛教缘起思想的重要意义。

在此思想理论指导下，人们自然会关心社会关心他人。佛教入世，成为一种必然，而不是逃避现实或与现实对立。

第三章
宗派佛教发展两难境界的突破
——太虚大师三性判教与三身判教的关系

三性，不仅是唯识宗的基本理论，也系佛法之全体的属性。太虚大师以三性抉择一切佛法，认为在三性中，仅仅略说依他起的浅相而未遣除遍计执相，是人天乘之罪福因果教；依据遍计我法执，以破遍计者之人我执，促其舍弃依他起相，是声闻乘的四谛教；至于不共大乘佛法，圆说三性无不周全圆融，但施设言教，应当遍于三性。

依照遍计所执身自性，有针对性的施设言教，惟破不立，以扫荡一切遍计执尽，证圆成实而了悟依他起。《中论》、《百论》、《十二门论》等般若为其代表，以一切法智不可得为其教理宗旨，以能起行趣证为其殊胜之用。

依照依他起自性施设言教，具有应机性的破立，以依他起法的如实明了，达到遍计执之自行遣除及圆成实之自行证悟。《成唯识论》等唯识著作是其代表，以一切法皆唯识变为其教理宗旨，以理性的树立而引发修行实证为其殊胜之用。

依照圆成实自性施设言教，对诸法唯立无破，以开示果地证得圆成实，令众生起信，当通达圆成实时，则遍计所执自然远离，依他起自然通达悟了。《华严经》、《法华经》等佛教经典，《大乘起信论》、《宝性论》等论为其代表，以一切法皆真如为其教理宗旨，以能起信求证为其殊胜之用。

上述三者统摄涵盖一切法，无任何遗漏之点。但是，具体的施教方便中，中国佛教各宗对于三性，其强调的程度是有差别的。

般若学扩大遍计执性，缩小其余二性，凡名相所及都摄入遍计执，唯以绝言无得为依他起、圆成实性。故此宗说三性，遍计固然是遍计，依他、圆成也是遍计。

唯识学则扩大依他起而缩小其余二性，以佛果有为漏、无为漏、遍计执之所遍计，都摄入依他起，唯以能遍计而起的能所执为遍计执，无为体为真如。所以，唯识学说三性，依他固依他，遍计、圆成也是依他。

而真如学则扩大圆成实性而缩小其余二性，以有为无漏及离执遍计，摄入圆成实，归真如无为之主，唯以无明杂染为依他、遍计执相。故此宗说三性，圆成固圆成，遍计、依他也是圆成。

太虚大师以三性抉择，以说明各宗理论医立足点不同，则偏重不同，但之间却无予盾。宗派间出现的水火不容、唇枪舌箭，实为对佛陀微言大意的误读所致。

作为末法时代的众生，在宗派的发展或个体的修行中如何不落偏颇，太虚大师并没有继续论述，只是给中国佛教一个理论上合理的平等的框架。

三性判教，是太虚大师从教理的角度宏观俯视宗派。三身判教，是从个体实修的角度反推的总结。两者得出相同的结论。

要认识到各宗“缩小其余二性”，究其原因，它是宗派发展的需要和个体修行上“深信”的必要，不过这也是单一法门和宗派中，“理”上的障碍。此虽难解，但必须要认清。有所一长，必有其一短。

佛教修行需要信心，信心是一切信仰发挥作用的基础。个体修行信心的深入，或宗派发展在激荡中的圆融，自然会带来对所修法理的范围无限扩展，从而各宗“缩小余二性”变成一种必然结果。对个体或宗派而言，你所选择的任何一个法门和理论，显然都有其局限性，这种局限性被“信心”、“圆融”所掩盖，这就是人们过去三身修法划分不清带来的混乱性之原因。这也是三性以及三身修法要面对的问题，也是喜欢圆融的中国佛教徒要面对的悖论，你只能是选择一法。要想全部圆融，只有入地的菩萨才能做到，对一般的修行者来讲，这种两难是自然要遇到的。解决的方法，就是把三身修法划分清楚，重新判教、判经、判法、判时。在不影响宗门信心的情况下，协同太虚大师的三性判教，看到每一种修法的利弊及与人生发展、人间佛教的关系。

从三身判教思想来看，般若偏重于绝言的法身，唯识偏重于缘起的应化身，真如偏重于圆摄的报身。正与太虚大师的三性思想相互照应，三身修法提出修行的不同目的、修行的不同阶段，要选择不同的理论体系，对于一般的个人，不可以杂糅。我们既要学到指导自身修行理论的体系性，同时也要了解体系本身的阶段性和偏颇性，才能应机应时地选择适合自身根器和阶段，同时又符合所生活的时代背景和文化氛围的修行方法，并在法报化三身修法中做出明智的选择。

高七师

2013.7 于北京

第四章
从唯识学的角度划分应身与化身

概述

通常，对佛身有三种三身的概念体系，其中有微细差别。

第一，法身、报身、应身是作为法、报、应三身的通常说法，也是佛法中最为普遍的、并被广泛采用的三身名称。当论及诸种佛身义时，多用其作为标准。以释迦牟尼佛为例，王宫所生身是应身；有无胜庄严净土的婆伽婆是报身；证得实相真如之理，与此理无二无别、常住湛然的是如来法身。

第二，法身、报身、应化身是作为法、报、化三身的通常说法。法身是佛陀的思想和学说的聚集与表征；报身是佛陀的功德和福德的聚集与表征；应化身是佛陀应机度生之本怀的聚集与表征。

第三，自性身、受用身、变化身。自性身是如来内证的真如理体，也是受用、变化二身之所依；受用身是受用广大法乐的佛身，分自、他二种：自受用身是理智相应、受用万德而自受用法乐之身；他受用身是佛为十地菩萨说法所相之身；变化身是为未登地菩萨与二乘凡夫示现无量随类之身，从事现通说法等种种化益的佛身。因受用身分为自、他二身，因而此三身也可称作四身。其中，自性身对应法身，受用身对应报身，变化身对应化身。其分析比较前述的三身，相对更为精确。此三身说源出自《佛地经》。

观音菩萨的三十三化身备注：

1、杨柳观音，2、龙头观音，3、持经观音，4、圆光观音，5、游戏观音，6、白衣观音，7、莲卧观音，8、泷见观音，9、施药观音，10、鱼蓝观音，11、德王观音，12、水月观音，13、一叶观音，14、青颈观音，15、威德观音 16、延命观音，17、众宝观音，18、岩户观音，19、能静观音，20、阿缛观音，21、阿摩提观音，22、叶衣观音，23、琉璃观音，24、多罗尊观音，25、蛤蚄观音，26、六时观音，27、普悲观音 28、合掌观音，29、一如观音，30、马郎妇观音，31、不二观音，32、持莲观音，33、洒水观音。

佛的三身，从佛法理性下化的角度来说就是法、报、化。而三身表述为自性身、受用身、变化身，也是佛度众生的方便。从事物的上行角度说是法、报、应，这是众生修行成佛的次第。其中，应身是指成佛前的肉身需要修行：乞食与成道；化身是成佛后的度化示现。

第一节　成佛之后的化身与成佛之前应身的关系

虽然，我们常含糊地认为应身与化身是一种形式，统称应化身。但从未成佛的修行人在将来会成佛的角度来讲，两者即一即异。应身是通过实行法、报、化的不同修法而成佛，成佛之后以“法身”为体，现“报身”的圆满即自受用身和为十地菩萨讲法的他受用身，但凡夫不能见报身。再以应化身的缘起因，变现“化身佛”来度化因缘与愿力慈悲，即佛度不了无缘之人，此缘是成佛前应身与众生之缘。为什么说：“此缘是成佛前应身与众生之缘”。比如，释迦牟尼佛当年在世，城东老母与释迦牟尼佛前世的应身没有缘，释迦牟尼佛就度不了她。佛做了一个试验给弟子们看，城东老母从这边来了，佛迎面走过去，她马上转弯，从别的路走了，绝对不想与佛见面。佛有能力化身，便化成佛到她的前面，她又拐弯。到最后佛现四种化身把她包围，她低下头来痛哭，也不看佛一眼，这是佛在成佛之前，与她没有缘起！佛让他的学生舍利弗去度她，舍利弗一去，她与舍利弗有缘，欢喜接受舍利弗，舍利弗就接引了她。

第二节　玄奘法师阐扬佛陀之三身的重要性

《三身论》是玄奘大师仅有的三部梵文著作中的其中一部。《三身论》是写给东印度迦摩缕多国之国王的。唐冥祥法师《大唐故三藏玄奘法师行状》中，表述得清晰明白。这本书是阐述佛教信仰的功德，是对佛陀殊胜功德的颂扬，其中多是对法身、报身、应化身果德的具体阐述。它不仅是玄奘大师本人虔敬佛教信仰情感的体现，更是对佛陀非凡人格和睿智的集中展示与赞叹。正因为三身连接四智，四智由八识所转，八识法相是唯识所长，因此玄奘回国后，最先翻译了讲述佛三身的《佛地经》作为弘扬唯识宗的前奏和大语境。

《佛说佛地经》与《佛地经论》中的三身与四智

《佛地经论》七卷。亲光等菩萨造，收在《大正藏》第二十六册。西藏藏经的《丹珠尔》收有戒贤造的《圣佛地经释》，全书所述和本论基本部分相同。玄奘自贞观十九年（645）正月二十四日到长安以后，五月二日即开始翻译。初翻《大菩萨藏经》二十卷，七月十五日又译《佛说佛地经》一卷（辩机笔受），显然是以这两部经作为菩萨学行的纲领。之后广译《显扬圣教论》、《杂集论》、《瑜伽师地论》、《摄大乘论》、《因明入正理论》、《因明正理门论》、《菩萨戒本》、《唯识三十颂》、《阿毗达摩识身足论》等论，到贞观二十三年（649）八月都已完成。跟着又译出《佛地经论》（同年十二月二日至二十四日），可见玄奘是以此论为瑜伽系学说之总结的。

本论是解释佛果并阐发三身之说。大乘中三身之说虽早已兴起，而自这一部经论问世以后，关于佛果的境界才完全得以系统阐述。论中详析佛果的境界，用五法摄佛地。对于佛果的论述，在弥勒和无著的论著中是以断果和智果摄尽。本论是以清净法界为断果，以摄佛地的无为功德。清净法界也就是真如的异名。经文以十虚空喻释难抉择，论文依之广释。

又分智果为四，以摄佛地的有为功德。

（一）大圆镜智：由第八识转依所成，能任持佛地一切功德，穷未来际无有断尽，用十圆镜喻显示其义。

（二）平等性智：由第七识转依所成，常与大慈大悲相应，无住涅槃即依此智而建立，受用身土的影像也由此智所示现，是妙观察智的不共所依，要通过十地的修习才能圆满成就十相。

（三）妙观察智：由第六识转依所成，能任持一切陀罗尼门、三摩地门，在大众会中说法断疑，于此列举有十种因来辨明它的相貌。

（四）成所作智：由前五识转依所成，能在一切世界随应示现佛变化事，利乐一切有情，依这一智的业用成立如来化身，于此列举有十化以明其相。

成所作智—— 前五识（眼耳鼻舌身五识）

妙观察智—— 第六识（了别识，意识）

平等性智—— 第七识（末那识，思量识）

大圆镜智—— 第八识（阿赖耶识，藏识）

三身说法本身是个不断完善的体系

本论开始曾解释大觉是佛，具三种身，即自性身、受用身和变化身，而佛地则是佛身所依、所摄、所行的境界。并把佛地的一切功德摄入五法加以阐明后，佛的三身意义也自然确定下来。此论比较旧日义学只就佛身来理解，在义理上有很大的发展。本论卷七曾出五法与三身相摄之义有二异解，如下表：

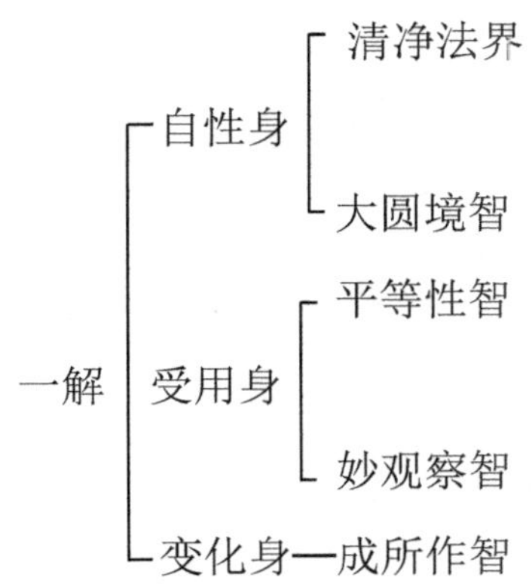

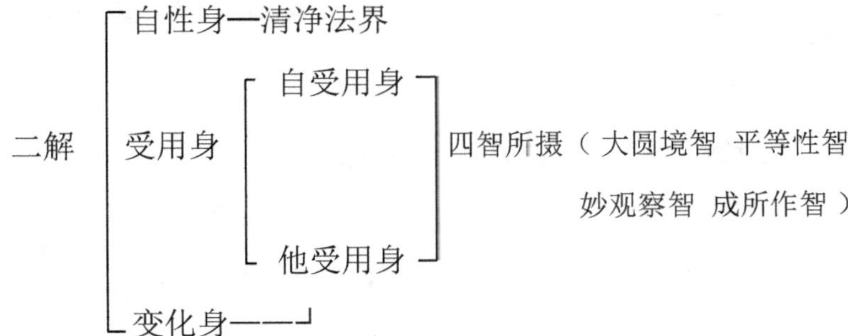

三身与五法配合之间有异说，正说明《佛地经论》的学说，在印度六世纪或其之前的印度瑜伽系中已发展到了相当的阶段，并引起不同的理解。作者亲光菩萨更承着这些研究成果而撰成此论。对于佛的果德，作出了比之前更为精密周详的阐明，这是本论的最大特色。以后关于佛土的问题在玄奘门下窥基的著述中更有圆满的抉择。

经末有四颂总摄经义，论文以最末一卷广释，颇多精要。如真如义、二障义、断惑义、化业义、三身差别义、三身形量义、如来三身有别无别义、如来化缘共不共义等等，都促使历来纷纭隐晦的疑难得到明确的解决。至于四颂颂文也见于《大乘庄严经论》之菩提品。

从比较《成唯识论》和藏文译本《圣佛地经释》的研究上，可以推定其中的义理是本于护法，成于戒贤，而广于亲光。从印度佛教的发展过程来说，自龙树以至陈那数百年间大乘佛教有很大的转变，《佛地经论》是总结这一时期关于佛果问题的一部成熟的经论。

第三节　成佛前的应身与成佛后的变化身

《佛地经论》之诠释，三身与四智的联系就比较清晰可辨了。其三身表述为自性身、受用身、变化身。

《佛地经论》卷七举经中“性法受用，变化差别转”一句，加以论释：“自性法者，即是如来初自性身，体常不变，故名自性。力无畏等诸功德法所依止，故亦名法身。受用即是次受用身，能令自他受用种种大法乐故。变化即是后变化身，为欲利益安乐众生，示现种种变化事故。体义、依义、众德聚义，总名为身。”此三身以清净法界、大圆镜智、平等性智、妙观察智、成所作智，此四智等五法为体。

清净法界和大圆镜智是自性身之体，平等性智和妙观察智是受用身之体，成所作智是变化身之体。又一说《佛地经论》卷三中，亲光菩萨等明确指出：“无为功德，净法界摄”，“有为功德，四智所摄”。

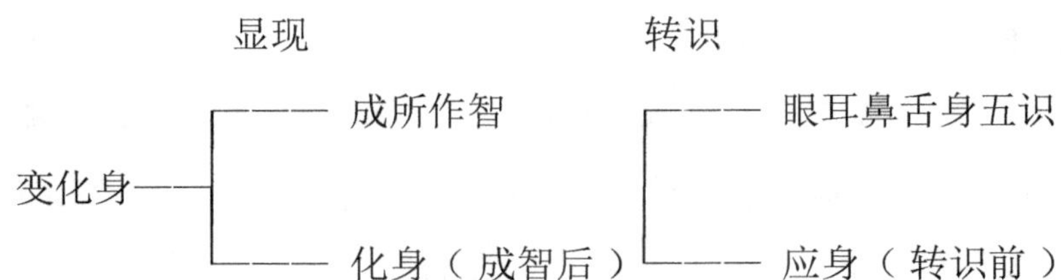

成所作智是变化身之体，成所作智由前五识（眼耳鼻舌身五识）转依。其转识之前的修行方法就是应身的修行，转识成智之后的变化身智体就是化身的显现。六七因地转，五八果上圆。在六、七识的主事下，转众生业为佛业，转众生缘为佛缘，转凡夫身为佛身。

成佛之前的凡夫身是应身，成佛之后的变化身是化身。但成佛之前的凡夫身什么时候可以叫做应身呢？是在第八识初转为大圆镜智时，第八识必须遣相尽净，证得无相，在成佛刹那间，其相应心品方能转为大圆镜智，在那个刹那，按照唯识学的理论前五识才能转为成所作智。当第八识转为清净的那一刹那，前五识也转为成所作智。此时有漏变为无漏，六道轮回之苦永息，此时方能显现三种身：

（1）现千丈的胜应身，为初地以上的菩萨说法。

（2）随类化身，现种种不同的身形去度众生，如观音菩萨的众多化身。

（3）现丈六的劣应身，为地前菩萨及二乘、凡夫说法。实际上，此应劣身不是化现，而是把转识之前的丈六之劣身重新定义叫做劣应身。如释迦牟尼佛和悉达多太子的关系。

其他经典认为到七地以上就可以有化身或意生身了。比如《地藏经》中的佛力加持等等。“尔时地藏菩萨摩诃萨白佛言。世尊。我承佛如来威神力故。遍百千万亿世界，分是身形，救拔一切业报众生。若非如来大慈力故，即不能作如是变化。”何时有化身，经典中虽然陈述有差异，但是不影响应身和化身的判断标准。从《法华经》的思想来说，礼佛者人人终究成佛，所以每一个修行佛法的人，现在的劣身从某种意义上讲都可以叫做应身，这个应身与众生的关系和缘起，关系到以后的化身是否能救度更多有缘的众生。

由上可知，变化身与应身化身的关系，正如《佛地经论》中所阐明，变化身为前五识（眼耳鼻舌身五识）所转的成所作智作为体性而展开的，站在已经成佛的角度来讲，转识成智的前后就是应身与化身的区别。这里，重点是区别化身与应身的关系，从唯识学修行的层面来讲，无论是化身或应身皆要去除遍计所执性，是依他性的缘起功用。

总结

1、准提法网络佛学院的三身判教思想，不仅继承了玄奘法师对三身的重视，而且更加详细的区别了应身与化身的微细异同，这让三身理论更加完善，也是对佛教理论发展的重要贡献。

2、应身与化身的前后纽带关系，使学佛者更能重视缘起的意义，从“无为”的“偏空”重视缘起法的重要性。

3、把三身理论作为判教的工具，实为在理论派与实修派之间搭建了一座智慧的桥梁，更为中国佛教真正的现代化打开了理论上的瓶颈，让佛教的修行者在“空与有”“出世与入世”之间的挣扎与悖论中看到曙光。

高七师

2013.7 于京

第五章
《显密圆通成佛心要集》中“身”有几种

序

从《显密圆通成佛心要集》显宗部分的论述线索可以推断，道大师认为修行的重点在修心，认识和找到什么是真心是修行的前提，以此为线索展开《心要集》对什么是真心的层层分析。对于上面的内容，经常看《心要集》的准提法修行者，应该是很熟悉的。本文中，将按照身心中身的方式，试图从另一个角度为大家展示《心要集》的修行体系。

《显密圆通成佛心要集》中，对于身心的身，共有四种说明和阐述。为了更好的学习准提法，我把它们系统整理出来。下文中引号中内容皆是《显密圆通成佛心要集》中的原文。

第一节　父母所生之身

“四大之身缘虑之心”这是父母所生之身，我们认为四大和合的是我们的身体，心中的思想是我们的心。这是一种错误的认识，道大师最后指示，一真法界才是我们的真心真身。

道大师在显宗部分提出了以身体为对象的不净观，“谓观身五种不净”，与以身为对象的作空假中三观。

父母所生之身，是四大和合，不是我们的真身。在修行中，还是要借假修真，借此去除贪欲、获得止观。同时四大之身是密法修行的出发点，此假其实也是真的一部分。如下：

“每日对镜初欲持诵时。或只依前先想自身顶上有一梵书嚂字。”这是在密法修行的方法中提到的父母所生之身，修行还是要从四大之身开始，这是修行的出发地。

第二节　法界真身

“且初悟毗卢法界者。谓华严经所说。一真无障碍法界或名一心。于中本具三世间。（一器世间。谓一切国土。二众生世间。谓一切有情。三智正觉世间。谓一切圣人。）四法界。（一事法界。二理法界。三事理无碍法界。四事事无碍法界。）一切染净诸法。未有一法出此法界。此是一切凡夫圣人根本之真心也。(亦是根本之真身。)”

“说帝网无尽一心也。一切众生从无始来。迷妄不知无尽法界是自身心。于中本具帝网无尽色心功德。即与毗卢遮那身心齐等。却将自家无障无碍佛之身心。颠倒执为杂染众生。”念诵《普贤行愿品》和修行准提法可以“速证涅槃安乐法身”，“成就十身无碍佛果”。

此境界是身心合一的，这是我们的真心，也就是我们的真身。华严的一真法界按照太虚法师的理论，是以圆成实性透摄遍计所执和依他性的，是说法身中包含了报身与化身，是一种三身合一的圆融的法界观。这表现在法界中的任一尘、一身、一国，皆有法身佛、报身佛和化身佛，即毗卢遮那佛、卢遮那佛、佛土众生，又如七俱胝如来、准提菩萨、准提行者。这一点表现在一真法界的另一种描述“帝网无尽自身”。

第三节 帝网无尽自身

此帝网无尽身的观想，有两个内容。

一个是显宗普贤观中的帝网无尽自身的化身观如下：

“帝网无尽观，略示五门。一礼敬门；二供养门；三忏悔门；四发愿门；五持诵门。”

礼敬门中“谓想尽虚空遍法界尘尘刹刹。帝网无尽三宝前。各有帝网无尽自身。每一一身各礼帝网无尽三宝。每一一三宝前。各有自家帝网无尽身礼。”这是修行中的观想内容。

从礼敬门、供养门、忏悔门、发愿门这四门是显宗四门，其中佛前的自身更多的是具有化身的意味。从修行者的角度，似乎是行者观想出来的化身，但是从华严帝网的角度来讲这个化身，是诸佛的化身。

到了第五持诵门就不同了，开始转向密宗意义上的报身观。所以一般也说《华严经》其实是显宗和密宗的一个衔接和桥梁。因此通常有禅宗是大手印，华严是大圆满的说法。

第五持诵门："想尽虚空遍法界尘尘刹刹。帝网无尽三宝前。各有帝网无尽身。每一一身各持帝网无尽真言教法诸佛菩萨名号。每一一真言教法诸佛菩萨名号。有帝网无尽身持。总想此一门。尽未来际无有休歇。念念相续无有间断。身语意业。无有疲厌。（或持课诵经等时。先作此观想竟。然后持诵甚妙。）"

为什么持诵真言和佛菩萨名号的化身变成了报身啊？

可以说此无尽身是报身，下面的章节有论述。从一真法界来讲，其实此无尽身本来就在，只是我们忘却了此无尽之身，自以为四大是身了。所说的观想，从这个角度来说，其实是一种回忆和唤醒，认知那些佛前的报身和化身，才是我们的真身。但是这个理解对于一般的人有些困难，于是佛从真言不可思议的角度再次阐明这个观点。

在供佛利生中，第一个真言的解释说："由真言不思议力。自然遍法界无尽三宝前。皆有自身尽皆礼拜奉事也（每至晨昏或入寺礼佛等时。宜诵此真言）。"

唵（引）缚日啰（二合）勿（微一切）

可见由于依靠真言不可思议的力量，我们自然于遍法界无尽三宝前，都有自身礼拜敬仰。持诵真言的当下，即是报身显现的当下。

正如《心要集》中引述"于自本心"，此心是法界真心，也是法界真身，身心合一，就是说"于自本身"，"于中本具十华藏世界微尘数相好。帝网无尽神通功德。与十方诸佛更无差别。""故须称自家毗卢法界。修本有普贤行海。令无尽功用疾得现前。"

总结，此帝网无尽身，持咒之前是化身，持咒之后是报身。

第四节　阿字所生自身：无漏智身

《心要集》在出世法的修行中，由如下观修开始：

“行者顶上想𑖨𑖽嚂字。变成火轮。烧尽自己有漏之身。复想大莲华上有𑖀阿字。生成无漏智身。”

“更想𑖀𑖽暗字灌顶已。又想𑖨𑖽嚂字变成大火。烧此有为世界。如同劫火。烧尽无遗。但有空寂。”

“复想建立无为之坛。于最下方。遍想𑖏𑖽欠字。杂色而为空轮。于空轮上。遍想𑖮𑖽含字黑色变成风轮。风轮上。遍想𑖨𑖽嚂字赤色变成火轮。火轮上。遍想𑖪𑖽鍐字白色变成水轮。水轮上。遍想𑖀阿字黄色变成金刚地。于金刚地上。遍想有大莲华。一一莲华上。皆有准提菩萨。无量圣众围绕。一一准提前。皆有行者自身。一一身。各出无量华果。饮食幢旛等诸供养具。而为供养。”

“又皆对准提镜坛。三密相应。又行者若无准提像。并华果饮食等供具。但作此观。亦得吉祥成就。”

我们开始分析：

“行者顶上想𑖨𑖽嚂字。变成火轮。烧尽自己有漏之身。复想大莲华上有𑖀阿字。生成无漏智身。”

这个有漏之身，就是我们的四大之身，用蓝字观修，是被清净的对象。此灭彼生。彼由何生？“复想大莲华上有𑖀阿字。生成无漏智身”，这个无漏智身，是阿字所生，我们知道，阿字是法身：

“阿字（谓阿字是毗卢佛身。亦是法界亦是菩提心。）”

“说阿字是毗卢佛身。吽字是三解脱门等耶。”

“谓阿字即体是无相法界。从无相法界。生成行者之身。”

法身所生之身，文中指出是无漏智身，是报身佛。又说从无相法界生成行者之身。在这里，无漏身、报身、行者之身三者相体名异。

即由蓝字，我们的四大身灭。即由阿字，我们以报身来显现和修法。

佛在这里让行者所观想的世界，其实才是真实的世界。我们现在的四大世界，其实才是虚幻的世界。众生颠倒。真言行者依靠准提诸真言的修持，逐渐再颠倒过来，让真实真心真身显现。

帝网无尽观中的无数身，以及这里阿字所生的无漏身是佛的报身。不过有些众生对此或许还有异议和怀疑，认为小乘中阿罗汉的有余涅槃，也可以叫做无漏，或许会认为无漏身，只是修行中去除烦恼的能断之德，而没有功德圆满的证德。道大师或许正是看到众生有此疑虑，又在此加上了灌顶真言，这个灌顶正是佛给予八地菩萨的灌顶，由此，圆满八地菩萨的一分无明未破而证得十身佛果，成就报身佛。

从这个众生的认识角度来修，由蓝字所烧清净的身，也可以说是断德的过程，阿字所生之身，无漏可以解释为任何没有烦恼，不过功德还没有圆满，要暗字诸佛法水灌顶才圆满。

“更想暗字灌顶已。”由此而圆满报身佛的福德，圆满十地。所以，这是我本是佛的真相。“我是佛，佛是我。我入佛，佛入我”的密宗认识，是借此四大之身的转变显现，不是简单的认为四大为我，缘念为我，而是我与圆满的佛身的转换。在华严世界，佛的法报化三身本来就是当下存在的，当下圆满的，不一不异的。

“又想嚂字变成大火。烧此有为世界。如同劫火。烧尽无遗。

但有空寂。”“复想建立无为之坛。于最下方。遍想欠字。杂色而为空轮。于空轮上。遍想含字黑色变成风轮。风轮上。遍想嚂字赤色变成火轮。火轮上。遍想鑁字白色变成水轮。水轮上。遍想阿字黄色变成金刚地。于金刚地上。遍想有大莲华。一一莲华上。皆有准提菩萨。无量圣众围绕。一一准提前。皆有行者自身。一一身。各出无量华果。饮食幢旛等诸供养具。而为供养。”“又皆对准提镜坛。三密相应。又行者若无准提像。并华果饮食等供具。但作此观。亦得吉祥成就。”

身体的变换之后，续之世界外四大的变换。我们知道有些阿罗汉证道了，没有烦恼了。但是有共业的存在，他们四大的世界是有漏的，因此，或许会为乞不到食物，饥饿而终。大乘佛教不仅要自身无漏，还有世界环境“无漏”，于是，就有此观也是由此理而出。

我们的有漏之身，可以说是准提菩萨的化身，名称叫作“准提行者”，脱下烦恼和虚幻，走向快乐、真实、圆满。

法界之真身，帝网无尽身，阿字无漏身，行者之身，四大之身。其中真假、真幻、有无、显隐等关系行者自明。由四大之身的身口意三密相应，咒语功德故，变为行者之身。于是，法身、报身、化身由隐到显现。

佛理难思议，但因有真言的存在，我们把明理变成了实修。只要我们念诵真言，功德自然遍法界。不明此理，也可以得其真实。明此理而不观修，只是说食不饱。

老实持咒，是因持咒的方法简单好修，重要的是持咒的理论是与佛同等的不可思议境界，你只要相信就是了。这里只是从《心要集》中摘其一角，展示准提法的殊胜，不能完全表达持咒的全部意义。老实持咒的另一个侧面是，避免向下用心，只是把持咒当作是求入定的方法。在密修的果乘法中，要记住功德是由佛果的咒得，是他力，而不是自力的因定得。定或许只是“得”其中一个果，而不是一个得果的因，可得可不得，可求可不求。这与显宗的戒定慧的自力步骤是不同的。清凉大师云。以浅为深有符理之得。以深为浅有谤法之愆。冀诸学者。切宜留心。不得固执先闻而生轻忽。

2

"心"的判教

第六章
弘法大师《十住心论》与道大师《显密圆通成佛心要集》思想的比较研究

前言

日本真言宗的创始人弘法大师空海建立了《十住心论》来作为显密判教的方式，这与辽代《显密圆通成佛心要集》（以下简称《心要》）的作者道殿大师是相同的思路。但二者还是有些区别，这里主要从两者的出发点、目的和意义，展开比较研究。

作为中国准提法的立宗者，道大师主要目的是阐释佛教修行人"个体"对于"心"的不同认识高度，而以此作为基础，采用不同的修行方法，这是常见的从体用上来说明：心与行、悟与修之间的关系，从而把华严境界推到高处。对于陀罗尼法门采用包容一切而不是高于一切的方式，也是因各有其时代背景的。

第一节　大师简介

弘法大师，法名空海（774—835），密号遍照金刚，谥号弘法大师。为唐密第八代祖师。生于日本。大师对日本文化的贡献，可谓横绝千古。大师是第一个通晓梵文的日本人，大师所著《梵字悉昙字释》，为梵文在日本的传播创造了条件；《声字实相义》成为日本第一部极富哲理的语言哲学著作；大师所创立的真言宗在日本畅行千载，至今不衰；《十住心论》为日本佛教史上划时代的著作。

道㲀大师，生于辽道宗清宁二年（1056 年），山西大同人。俗姓杜，字法幢。自幼拜名师出家。15 岁学习律学。后来四方参学，博达多闻。一生大力提倡显密圆通，影响甚大，道宗皇帝因此赐予他"显密圆通法师"之号。所著《显密圆通成佛心要集》四卷，是其思想的代表作品，并把准提法作为圆融显密的主要法门。

第二节　弘法大师的《十住心论》

十住心的"住心"：空海分析"心"有十个阶段，将"心"的所在位置以"住心"的形式整理出来，分别给"心"以住家。

十住心的关键问题是"心"，阐述"心"存在的状态，将"心"分成十种"住心"进行说明。把众生菩提心状态的表现过程，及宗教意识的发展过程分为十种类型，通过这种形式显示密教最胜，进行"密教对显教"的教判。

十住心的科目如下所示：

第一、异生羝羊心；

第二、愚童持斋心；

第三、婴童无畏心；

第四、唯蕴无我心；

第五、拔业因种心；

第六、他缘大乘心；

第七、觉心不生心；

第八、如实一道心；

第九、极无自性心；

第十、秘密庄严心。

综述以上十个科目，十住心思想按上面顺序论述修行人的心态——刚开始时，像羊一样只有食欲和性欲动物本能心态的人，随着因缘节食施舍他人的道德意识的觉醒，萌生信仰天界寻求宗教之心，而后能自觉体悟小乘佛教（声闻、缘觉），其次进入大乘佛教并深入到达里面最高的密教。

这些内容都是在求道心。其理论发展的过程中，伴随修行的进步而相继生成的，就是——“心续生”。为能浅显易懂地向众生加以说明“心续生之相”，“今依此经显真言行者住心次第，显密二教差别亦在此中。住心虽无量，且举十纲摄之众毛。”

弘法大师十住心与判教的关系					
	十住	十果	五种三昧	相应真言	对应宗派
第一异生羝羊心	第一住心	地狱等五道			
第二愚童持斋心	第二住心	人道			
第三婴童无畏心	第三住心	天界		世天真言	
第四唯蕴无我心	第四住心	声闻			小乘
第五拔业因果心	第五住心	缘觉		缘觉真言	缘觉
第六他缘大乘心	第六住心	菩萨	弥勒	弥勒三摩地真言	法相
第七觉心不生心	第七住心	菩萨	文殊	本部三摩地真言	三论宗
第八如实一道心	第八住心	菩萨	观音	本部三摩地真言	天台
第九极无自性心	第九住心	菩萨	普贤	本部三摩地真言	华严
第十秘密庄严心	第十住心	佛	大日如来	大日如来三摩地	密教

第三节　十住心详解

第一、异生羝羊心。指不信奉任何宗教的人及其心态。

异生是凡夫，羝羊是公羊。《十住心论》说："凡夫不知善恶之迷心，愚者不知因果之妄执。我我所执，常怀胸臆；虚妄分别，镇蕴心意。逐阳焰而渴爱，拂华烛而烧身。"是说不信奉任何宗教、道德的众生，不知道善恶因果报应，经常怀着对自身及一切自己所拥有的执着，不断地思虑着是非、美丑、得失等，不能正确分辨真假，好像有人在旷野，以为远处阳炎是河便去找水喝，或飞蛾扑火被烧身一样。他们不奉佛法，甚至连世俗社会遵守的儒家道德也不信守，“不忠不孝，无义无慈。五常（按：仁义礼智信）不能罗网，三乘不得牢笼，祖习邪师，依凭邪教”。经常偷盗、邪淫、诽谤、伤害生命，作种种罪恶。空海说这种众生只知吃饭，生育后代，像草原上的公羊，“但念水草及淫欲事，余无所知”。

第二、愚童持斋心。指已经信奉佛教的人修持五戒、十善，相当佛教五乘中的“人乘”，也包括接受世间儒教伦理，奉行五常的人及其心态。

对此，《十住心论》概括说：“初信因果，渐诺罪福，孝于亲亲，竭忠国主。不及之善生，探汤之恶休。内外三归，从此而发。人天十善，因是修行。”空海在释文中对佛教的三皈依（皈依佛、法、僧，正式信奉佛教）、五戒（不杀生、不偷盗、不邪淫、不妄语、不饮酒）、八戒（五戒外加不坐高广大床，不观听伎乐和不穿薰香衣，过午不食）、十善等进行了详细介绍。修此五戒十善，来生可以得到好的报应，再生为人。可见，空海所讲第二心，相当于佛教“五乘”的“人乘”。

第三、婴童无畏心。指佛教五乘中的“天乘”，也包括相信修持禅定可以生到天界的“外道”。

《十住心论》说：“至如护戒生天堂，修善脱地狱，恶下之心稍发，欣上之愿初起。于是求皈依彼天龙，尽虔诚此神鬼（此二者指外道），仰拔苦悲，祈与乐眄… 三途苦果，毕前因出；四禅乐报，感今缘升。因果不可不信，罪福不可不慎… 婴童据初心得名，无畏约脱缚树称。”是说因相信修五戒十善，死后可以免下地狱而生天界，便产生厌离世间，愿生天界的想法。如果勤于修善持戒，后世可以避免轮回三恶途（地狱、饿鬼、畜生）的恶果；如果修四禅（四静虑）死后可以生有色天。劝人相信因果、罪福业报。以婴童比喻初发心皈依佛教者，并因相信死后可以生天便感到无畏。

此心态不仅指修持佛教，也包括修外道。印度外道有数论外道、声论外道、胜论外道、时论外道等。说如果相信天、大天、自在天等，便皈依、供养和修持各种禅定，死后可以生到天界。“婴童无畏心者，外道厌人凡夫，欣天之心也。”

第四、唯蕴无我心。指五乘中的声闻乘，属于小乘佛教。

《十住心论》说，以上人乘、天乘和外道，因为没有断除对“人我”（或“生我”、也简称“我”）的迷执，仍难超脱生死。因此，佛便向众生说此解脱之道：“遮生空于唯蕴，譬我倒于幻炎。二百五十戒防身口非，三十七菩提习身心善。告时则三生六十，示果则四向四果。说识唯六种，摄法则五位。四谛四念莹其观，六通八解得其证。”这里大意是，引导人们认识组成人身心（人我、生我、我）的是五蕴（色受想行识），由于五蕴聚散无常，生命也无常，如同幻想中的火炎，进而断除我执，体认“我空”之理；制定二百五十戒（《四分律》规定的比丘的具足戒）以防非止恶，提出“三十七菩提分”引导修行；至于何时可以达到解脱，少则三生，多则六十劫；解脱的果位有“四向四果”；讲人的心识时，只提出六识，包括人的感觉和思维的眼、耳、鼻、舌、身、意六识；当分析现象时，提出五位法，包括色法、心法、心所法、不相应行法、无为法；而禅观有观四谛观（观想苦、集、灭、道）和四念处（念身、受、心、法，认为无常、苦、空、无我）；修行此乘可以得到六种神通和八解脱。空海在释文中说：“此唯蕴无我一句中，摄一切小乘法尽。”确实，前引空海对“唯蕴无我住心”的概括和他在释文中的详细解释，几乎涵盖了小乘佛教的全部教义。

第五、拔业因种心。指五乘中的缘觉乘，也属于小乘佛教。

“拔业”源自《大日经》卷一，原文是“拔业烦恼株杌”。株杌，原意是露在地面的树根。全句意为拔除产生烦恼的根源。缘觉，是佛教所讲通过观想十二因缘的道理而达到觉悟者。因为是独自修行达到觉悟，也称独觉，或比喻为麟角。《十住心论》说：“观因缘于十二，厌生死于四五（按：四大、五蕴）。见彼华叶，觉四相（按：现象之生、住、异、灭）之无缘；住此林落，证三昧于无言。业烦恼株杌由此而拔，无明种子因之而断。”所谓十二因缘是构成生命过程的十二个环节：无明——行——识——名色——六处——触——受——爱——取——有——生——老死，由无明（痴）为根本原因，造成生死轮回不已。在禅观中，对此可以采取不同的观法。然而，最重要的目的是认为人生的一切苦恼是始于“无明”，从而尊奉佛教修行，认识由四大（地水火风）和五蕴组成的生命是无常的、苦的、空、无我的、不可执着，从而达到解脱。

第六、他缘大乘心。指大乘佛教，特别指法相宗。

空海对“他缘大乘心”的解释是：“缘法界有情，故他缘”；“此乃君子之行业，菩萨之用心。”又说：“发平等大誓，为法界众生行菩萨道，乃至诸一阐提及二乘未入正位者，亦当以种种方便折伏摄受，普令同入是乘，约此无缘大悲，故名他缘乘。”综合来说，以菩萨道普度一切众生，甚至对恶人、小乘（声闻、缘觉，《法华经》中“三车”比喻的羊车、鹿车等）的人，也引导他们觉悟成佛。既然以众生为普度对象，故称此乘佛法为他缘乘（平等性空，也是无缘）。然而在对此乘的表述中，是以法相宗为重点。

法相宗源自印度大乘瑜伽行派，主张世界一切唯识所变。唐玄奘（600 ～ 664）入印求法，将此唯识学说传到中国，与弟子窥基（632 ～ 682）创立法相宗，所依经典有《解深密经》、《瑜伽师地论》和《成唯识论》等。日本奈良时代的入唐求法僧将此宗传入日本，以奈良兴福寺为中心的“北地”法相宗最有影响。此宗在六识外提出第七末那识和第八阿赖耶识，并且提出种子说、三自性、三无性说、五性各别说（在声闻、缘觉、菩萨、不定之外，列无性种性，不能成佛）。空海在释文中对法相宗主张的修行果位“五位”—— 资粮位、加行位、通达位、修习位、究竟位，以及对唯识学所讲基本主张、五重唯识等，都做了介绍。

第七、觉心不生心。指三论宗。

空海在释文中说：“诚知一为百千之母，空即假有之根。假有非有而有有森罗，绝空非空而空空不住。色不异空，建诸法而宛然空；空不异色，泯诸相而宛然有。是故色即是空，空即是色。诸法亦尔，何物不然。似水、波之不离，同金、庄（金制首饰品）之不异，不一不二之号立，二谛四中之称显。观空性于无得，越戏论（不真无益之论）于八不。”这里所讲正是般若中观学说，也是三论宗的教理。

大乘般若中观学派以《般若经》和龙树《中论》、《十二门论》和提婆《百论》为基本依据，以“诸法性空”为基本理论基础，主张空为世界万有的本体，一切现象无不是空的体现。故从本质上看，色不异空，空不异色，如水与波浪，金与金器的关系，二者既非一又非异。而且从生灭变迁来讲，因为缘起性空，故生非真生，灭非真灭。如《中论》所说的“八不”：“不生亦不灭，不常亦不断，不一亦不异，不来亦不去。”进而提出真、俗二谛、四种中道等理论，认为最高的智慧是达到与空、中道相契合的“无所得”境界。所谓“觉心不生”，是觉知心性空寂本净，心性常无生灭。

这一学说在中国隋至唐初的吉藏（549～623）创立三论宗，以上述“三论”及其所著《三论玄义》、《大乘玄论》、《二谛义》等为主要依据。三论宗早在奈良时代以前已经传入日本，后为“奈良六宗”之一，以法隆寺、大安寺为传法中心。

第八、一道无为心。指天台宗。

天台宗是中国隋代智顗创立，以《法华经》为主要经典，以智顗所著《摩诃止观》、《法华玄义》、《法华文句》为主要依据。

空海首先对《法华经》的大意作介绍，所谓“会三归一”：是指此经所讲的声闻、缘觉、菩萨三乘皆是权宜之说，唯有一佛乘才是真实之教，三乘会归佛乘，人人可以成佛。“唯有一乘法，无二亦无三”。据空海的释文，所谓“一道”就是法身、真如、诸法实相、佛乘，称之为“一道无为之真理”。

第九、极无自性心。指华严宗。

华严宗是唐法藏（643～712）创立，以《华严经》为主要依据。法藏著有《华严五教章》、《华严经探玄记》、《华严经旨归》等，是此宗依据的重要教典。

“极无自性心”原出自《大日经》，是指真如、心，空寂无自性，既无自性，便随缘而生起。空海在释文中引善无畏的话说：

“此极无自性心一句，悉摄华严教尽。”华严宗以华藏世界（莲华藏世界）为报身卢舍那佛的净土，主张以真如法界为本体的缘起重重无尽。这就是空海说的“苞华藏以为家，笼法界以为国”；“真如法界，不守自性，随缘之义”。华严宗又主张时间的长短、修行的前后、理与事、万有现象之间，彼此圆融无碍。此即空海所讲：“摄九世于刹那，舒一念于多劫，一多相入，理事相融”。因此，从圆融门来说，“初发心便成正觉”。空海在释文中对华严宗的基本教理——五教、十玄门、六相圆融等，结合法藏的《华严金师子章》作了概要介绍。

在本文后面以秘密之义所做的解释中，说此心即“普贤菩萨所证三摩地门，亦是大毗卢遮那如来菩提心之一门”，也有真言密教表示，受持读诵此法门即同“普贤之门”，能得“佛境界庄严三昧自在之力。”

第十、秘密庄严心。指真言宗。

空海将真言密教称为“庄严秘密住心”。在释文中说：“庄严秘密住心者，即是究竟觉知自心之源底，如实证悟自身之数量，所谓胎藏海会曼荼罗、金刚界会曼荼罗、金刚顶十八会曼荼罗是也。如是曼荼罗，各各有四种曼荼罗、四智印等。言四种者：摩诃、三昧耶、达摩、羯磨是也。如是四种曼荼罗，其数无量，刹尘非喻，海滴何比。”

真言密教认为，法身佛大日如来是以“六大”（地水火风空识）为体，表现为万事万物、一切众生。大日佛在宇宙万物中的表现有理德和智德两大方面：理德（真如、佛性、本觉）具足一切功德，称胎藏界；智德（智慧、果、始觉、自证）具有摧破烦恼的强大功能，称金刚界。从大日佛之体来说，“六大”中的地水火风空五大，属于胎藏界；识（心识）属于金刚界。从理事、色心彼此圆融来说，色心不二，金胎为一。至于空海所讲“金刚顶十八会曼荼罗”，是指密教所传大本《金刚顶经》有十万偈十八会，在现存不空译的《金刚顶经瑜伽十八会指归》有介绍。金、胎二界代表大日如来之心体，显现为宇宙万有，此为“相”。“相”有四大“集聚”，也就是四大类，称四大曼荼罗（曼荼罗原意为祭祀供养佛菩萨的坛场，有集聚之义，可解释为种类）。它们包括：表现为佛、菩萨、众生等形象的“大（摩诃）曼荼罗”；表现象征佛、菩萨“本誓”的各种标志、象征物的“三昧耶曼荼罗”；代表佛、菩萨、鬼神的真言梵字（称“种子”）、文字、经论等的“法（达摩）曼荼罗”；表示佛、菩萨等的行仪动作以及各种造像的“羯磨（动作）曼荼罗”。从其代表的内容看，自然是数量无限的。以手的动作（印契）表示为四种曼荼罗，则是所谓“四智印”。

以上所说都贯彻着一个思想：大日佛与世界，与众生是融通的，是息息相关的。据此提出修行的身、口、意“三密”法门，称“三密用大”。说修行者如果能够做到手结印契（身密），口诵真言密咒（口密），心观法界实相、大日本尊（意密），就可以与大日如来的“三密”相应，从而即身成佛。空海在《十住心论》、《秘藏宝钥》的释文及所著《即身成佛义》等中，对此有详细论证。

目的：推密教为最高

弘法大师以判教这种形式，将日本流行的佛教各宗排了一个顺序：真言宗第一，华严宗第二，天台宗第三，三论宗第四，法相宗第五。

在中国，随着佛教的广泛传播，大小乘佛典的大量传译，人们对各种经典、流派有了越来越深入的了解。自南北朝开始，陆续出现许多系统地判释佛教的学说。所谓判教，是站在特定的立场对佛法进行分类解释，判别它们的高低、深浅，将自己最信奉的教典置于最高地位。

真言密宗自唐中期印度僧善无畏和金刚智、不空译出《大日经》、《金刚顶经》等经典后，开始较广泛地传播。然而中国人自己撰述的密教著作不多，最主要的有善无畏的弟子一行（673～727）撰写的《大日经疏》，其中虽带有判教意味的说法，严格地说尚未提出系统的判教理论。空海继承《大日经》和一行《大日经疏》中的思想，以密教的观点撰写《辨显密二教论》、《十住心论》和《秘藏宝钥》，提出系统的判教论，不仅在日本佛教史上有重要意义，既使在北传汉语系佛教史上也有其独特的意义。

空海的判教论由两个层次组成：一是从横向方面将全部佛法分为显教与密教；二是从纵（竖）向方面，自浅至深，自低至高有次第的对全部佛法进行说明，旨在表明真言密宗最高最优越。对横向作论述的是《辨显密二教论》，对纵向作说明的是《十住心论》和《秘藏宝钥》。

弘法大师的时代背景

空海在日本平城天皇大同元年（806）回国，将密教传入日本，创立日本真言宗。历经平城、嵯峨、淳和、仁明天皇，在皇室的支持下先后确立京都东寺、纪伊的高野山为传法中心，又在奈良东大寺建立真言宗传法道场，使具有神秘特色的供养、灌顶仪式和真言密咒的真言宗在皇室、贵族中产生了很大影响。然而，当时奈良佛教中的三论宗、华严宗、法相宗仍是有相当影响的，其中法相宗最有势力。此外，最澄创立的日本天台宗也富有朝气，是与真言宗相抗衡的新宗派。空海要争取到天皇、贵族和社会其他阶层的理解、支持，使真言宗得到顺利传播，必须向人们进一步说明真言宗具有什么特色，与诸宗相比有什么优越之处。同样，在彼此竞争的形势下，其他宗派也以自己的传法和宗教活动，或通过与反对者的辩论，向社会表明自己教派存在的宗教价值。

淳和天皇天长七年（830）敕三论、法相、律、华严、天台、真言各撰本宗要旨上奏。空海为此撰写《十住心论》，此后又奉敕将此简化为《秘藏宝钥》。空海以外的诸宗要义书有如下几部：

一、法相宗《大乘法相研神章》五卷，元兴寺护命撰。

二、三论宗《大乘三论大义钞》四卷。大安寺玄睿撰。

三、律宗《戒律传来记》三卷。招提寺丰安撰。

四、华严宗《华严一乘开心论》六卷。普机撰。

五、天台宗《天台法华宗义集》一卷。睿山义真撰。

空海在五十七岁时撰写的《十住心论》，后来把十卷编成《秘藏宝钥》三卷。他在这两种著作中较详细的介绍并比较各宗教义的判教方式，将真言宗置于第一地位，强调此宗是法身大日佛所说，比已有各宗深奥，表示如果信奉此宗，通过修持“三密”可以即身成佛，所谓：“父母所生身，速证大觉位”。后来，真言宗在日本得到迅速传播，影响所及，甚至带动其他各宗也吸收密教的成份，以至出现密教化倾向。这不仅与空海及其弟子的出色活动能力有关，应当说，与空海通过判教著作和其他著作的宣传也是有密切关系的。因此，在当时宗派林立的佛法弘扬环境中，弘法大师的论述是因天皇贵族而立论，通过皇权奠定了其宗派的发展基础。

第三节 道大师的真心判教

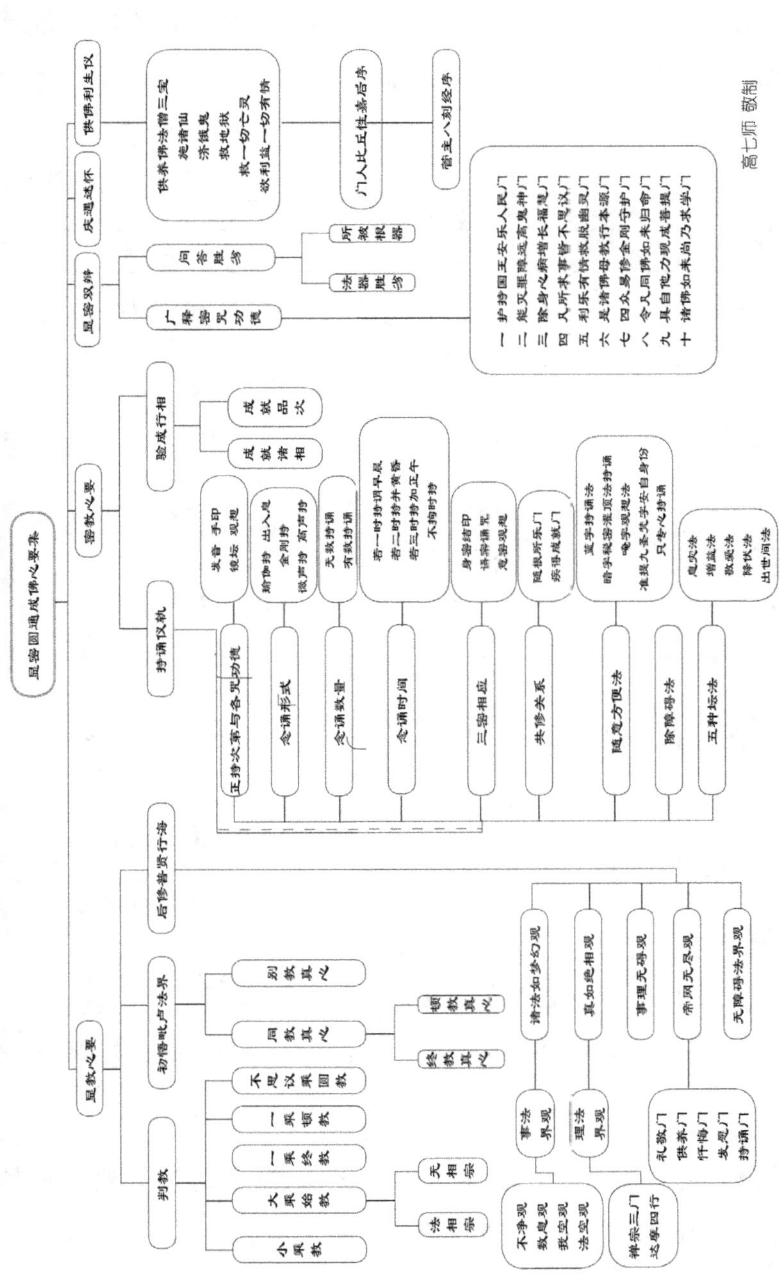

道大师在《显密圆通成佛心要集》开篇用华严判教的思路梳理了当时辽代佛教整体的框架：

道大师判教思想与心行的关系				
判教	宗派	经典	悟心	观修
小乘		《阿含经》 《俱舍论》		不净观 数息观
大乘始教	法相宗	《解深密经》 《佛地经论》 《瑜伽师地论》 《成唯识论》		
	无相宗	《般若经》		我空观 法空观
大乘终教	天台	《法华经》 《涅槃经》 《楞严经》	终教真心	诸法如梦观
大乘顿教	神宗	《圆觉经》 《六祖坛经》 《楞伽经》 《思益经》	顿教真心	真如绝相观
大乘圆教	华严	《华严经》	圆教真心	事理无碍观 帝网无尽观 无障碍法界观
密圆	旧密	《神变疏钞》 《曼荼罗疏钞》		陀罗尼一合药
显密圆通	别部新密	准提别部法经典		准提咒及坛法

接下来的‘初悟毗卢法界’，对心的认识才是《心要》显宗论述的重点所在，也是此著最有特色的地方。何为法界“一真无障

碍法界或名一心”，可以说，这才是真正意义上道大师的判教思想，以对“心的认识”、“悟心”的程度和角度不同，而派生出不同层次的、不同修法的判教方式。这是从指导修行的角度来阐述的最好办法。其重点并不是为了判教，而是把与修行有关联的最核心的因素精简出来，这一点与弘法大师是相同的。只不过两者一个是为立宗，一个是为了指导修行人的实修。

道大师对悟“心”的不同层次的划分方法，是从大乘佛教的角度出发，把真心分成了三个层：泛言真心而有二种，同教真心与别教真心。而同教真心实际上又分终教真心和顿教真心两层意义。

同教真心之终教真心，《心要》古文如下：

首楞严经云。真心遍圆。含裹十方。反观父母所生之身。如彼十方虚空之内。吹一微尘。若存若亡。又云。不知色身。外洎山河虚空大地。咸是妙明真心中物。又云。一切世间诸所有物。皆即菩提妙明真心。一切众生。从无始来。迷却此心。妄认四大为身缘虑为心。譬如百千个澄清大海不认。但认一小浮沤。

直译如下：

《首楞严经》说：“真心遍圆，含裹十方。”反过来看父母所生的肉身，好似是十方虚空中甚为微细的灰尘，若存若亡。经中说：“人们不明白我们的色身和身外的山河虚空大地，同样是妙明真心中之物。”又说：“一切世间所有诸物，都是菩提妙明真心。”由于一切众生，从无始以来，把这真心真身给迷忘了。并妄认地水火风聚合的肉体是身，把攀缘思虑的妄想当作心，好像百千个澄清大海不认，反去执着一颗小小的浮泡是自己的身体。

同教真心之顿教真心，《心要》古文如下：

后顿教一心者。谓绝待一心。弥满清净。中不容他。一切妄相。本来是无。绝待真心。本来清净。华严经云。法性本空寂。无取亦无见。性空即是佛。不可得思量。

谓前终教。随众生迷。说有色身山河虚空大地世间诸法。令诸众生翻妄归真。了达色身山河虚空大地世间诸法。全是一味妙明真心。今顿教中。本无色身山河虚空大地世间诸法。本是一味绝待真心。故清凉云。总不说法相。唯辩真性。即知周遍法界。本是一味绝待真心。寂然清净。不生不灭。不增不减。

直译如下：

顿教一心者又叫绝待一心，这绝待一心，圆满清净，纯无他物。真心中的一切妄相，本来是无，绝待真心本来清净。《华严经》记载："法性本空寂无取亦无见。性空即是佛不可得思量。"

前面终教说法，为随众生根机，便说有色身山河虚空大地世间诸法，叫众生离去妄想归于真如一体，了达色身山河大地虚空世间诸法，全是一味妙明真心。

现在谈到顿教中所说，本来没有什么色身山河大地虚空世间诸法，全是一味绝待真心。所以清凉大师说："对法相不去分析判断，只对法界真性辨别修证，便可了知周遍法界。本是一味绝待真心，寂静清净，不生也不灭，不增也不减。"

别教真心，《心要》古文如下：

二别教一心者。谓一真无障碍大法界心。含三世间。具四法界。全此全彼。而无障碍。即知包罗法界。圆裹十方。全是一真大法界心。于此一真大法界内。所有若凡若圣若理若事。随举一法。亦皆全是大法界心。乃至唯举一尘。亦皆全是大法界心。华严经云。华藏世界所有尘。一一尘中见法界。又一尘既是大法界心。于此一尘大法界内。复举一尘。亦皆全是大法界心。若横若竖。重重举之。重重皆是大法界心。故清凉大师。于华严十地品疏。说帝网无尽一心也。

直译如下：

这别教一心就是一真无障碍大法界心，包含三世间，具有四法界，全此全彼，没有障碍。即知包罗法界，圆裹十方，全是一真大法界心。在这一真大法界内，所有凡夫圣者，所有理事，随便举出一法一物，也都是大法界心，甚至于一粒微细尘粒，也是大法界心。《华严经》记载说："华藏世界所有微尘，一一尘中又见法界。"一尘即是大法界，在这一尘大法界内，复又举出其一尘，也皆是大法界。若横若竖，重重举出，重重都是大法界心。所以清凉大师于《华严十地品疏》说："帝网无尽一心也。"

明心的重要性：毗卢法界就是心，心就是毗卢法界。《心要》古文如下：

切须悟此毗卢法界。若未悟此法界。纵经多劫。修习万行。徒自劳苦。不得名为真实菩萨。亦不能生如来家故华严经云。不了于自心。云何知正道。彼由颠倒慧。增长一切恶。清凉云。不依此悟。所作非真。自为修行。元来结业。

直译如下：

所以想修成究竟佛果，一定要明悟这毗卢法界，若是不能明悟此法界，纵然是经过多劫修习万行，总是徒然无功，白白辛苦一番了。照这样成不了真实菩萨，当然也成不了佛了。《华严经》记载说："不了于自心，云何知正道，彼由颠倒慧，增长一切恶。"清凉大师说："不依此开悟，所说一切都不是真实的。自以为是在修行，原来仍旧招结罪业。”

目的：推出华严为显圆

《心要》古文如下：

然显圆华严。诸佛共赞。菩萨同遵。西天东夏。上智上贤。无不归心。为大教广行。人多见闻。不假赞扬。

此之五教。前前者是浅是权。后后者是深是实。若以圆教望之。前四皆是应根权施设也。*（今且据对待而论。言前四是权。圆教为实。若定执圆教为实。缺前四教。亦非圆畅。若五教俱传。偏圆共赞。逗根方足。已下为圆教中。具含前教行门。故不别说。）*

直译如下：

然显教圆乘华严，为诸佛共赞菩萨同遵，西天东夏各地，上智上贤的人，没有不归心敬仰修学的。由于大乘教法现在广为流行，人人大多可见闻到，这里就不多加赞扬了。

以上分判的五教，越靠前面的教法，说的越是浅显，是权宜之说。越后面，所谈的就一层比一层教理深入，倘若以圆教的观点来看前四教，只是因应那些浅显根基的人，所立权宜的教法而已。*（这是对比来讲，说前四教是权宜方便的讲法，圆教是佛要讲的究竟法。但是我们若只是执着于圆教是真实与究竟的，而缺了前四教的阶梯道路，那么你的这个圆教也不圆畅了。若是五教同时宏传，偏圆俱足，相互赞同，才能合适复杂根性的众生。下面就说圆教的修法，因为其中已经包含前四教的修法了，所以对于前面四个法门就不单独陈述了。）*

推出相应的显宗观修法门，就是显宗修行的两个步骤，先要明理明心，然后是修行的不可逾越之步骤。《心要》古文如下：

今依圆教修行。略分为二。初悟毗卢法界。后修普贤行海。

显教圆宗。须要先悟毗卢法界。后依悟修满普贤行海。得离生死。证成十身无碍佛果。如病人得好药方。须要自知分两炮炙法则。合成服之。方能除病身安。

直译如下：

现在我们再依圆教的修行，把它又分成初悟毗卢法界及后修普贤行海两步骤来讲述。

显教圆宗，必须要先明悟毗卢法界，后修满普贤行海，才得出离生死苦海，证成十身无碍佛果。如病人获得好药方，必须要知道药方的多少和煎熬的方法，自行合制成药，服用后才能除去病苦，早日安康。

所悟之心	对应的修法
终教真心	法如梦幻观
顿教真心	真如绝相观
别教真心	事理无碍观　帝网无尽观　无障碍法界观

道大师对密法的分析与空海的思路不同，空海是用相互因果来分析，把密教的住心凌驾于显宗住心的层次之上；道大师则是采用全面包容的方法，从横向上说明，密教的修法真言陀罗尼包含显宗的一切，并且能打破显宗的先悟后修的理障。

《心要》古文如下：

今密圆神咒。一切众生。并因位菩萨。虽不解得。但持诵之。便具毗卢法界普贤行海。自然得离生死。成就十身无碍佛果。如病人得合成妙药。虽不知分两和合法则。但服之。自然除病身安。故首楞严经云。诸佛密咒秘密之法。唯佛与佛自相解了。非是余圣所能通达。但诵持之。能灭大过。速登圣位。

直译如下：

现在我们要谈谈密教圆宗神咒的妙处，一切众生，甚至因位修行的菩萨，虽然不能了解神咒的意思，但是有信心去持诵，便可具有如同显教圆宗所修的，悟毗卢法界和行普贤行海的修持效果。持诵神咒自然得离生死苦海，成就十身无碍佛果，如病人得到已配合熬炼成的妙药，虽然不知道这药的分量多少，怎样配合来的，但服用下去，自然可以除去身病，获得安康。所以《首楞严经》说："诸佛密咒秘密之法，只有佛和佛才能自相了解，非是其余圣者所能通达的。只要信心诵持，能够除大罪过，很快地成就圣果。"

从中指出"总持"真言法门，没有必要把修行分成：悟心与观行两个步骤。提出一合药、果乘法的概念。心、法、真言本是一体的思想——是"密圆"的思想。这个包含两个方面：一个是真言对于显宗的包容；另一个是准提法对于所有密法的包容以及坛法的包容。

准提法曼陀罗示意图（彩图见封三）

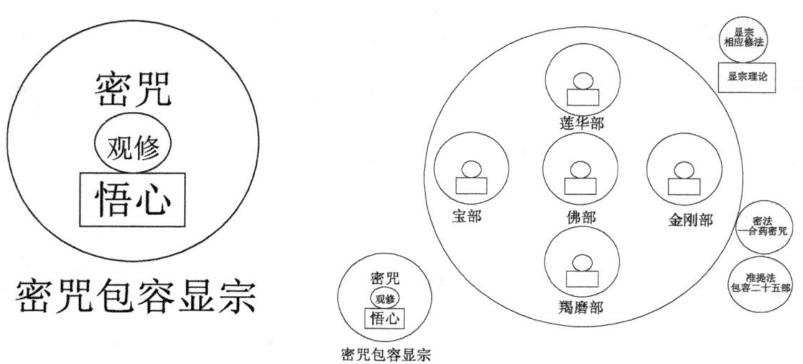

《心要》古文如下：

问曰。既专诵一咒。疾得成就。何以多示准提真言。令人持诵。答云。一为准提总含一切诸真言故。准提能含诸咒。诸咒不含准提。如大海能摄百川。百川不摄大海。（准提总含诸咒。如下所明。）

直译如下：

问："既然专诵一咒，疾得成就，为什么就专叫我们念准提真言呢？"回答是：(1) 准提真言总含一切真言，准提咒能含所有咒，所有咒不能含准提咒，如大海可纳百川，百川容不了大海。（准提总含诸咒，如下所明。）

特别是道大师把修行具体化，方便后人选择修持准提法门，即可不问教理，容易修行。同时也降低了修行门槛、可以绕开教理的缠缚直接进入实修，使得显密双修与普贤行愿共颂。

《心要》古文如下：

为准提坛法。人易成办故。但以一新镜未曾用者。便是坛法。不同余咒。建办坛法。须得拣选净处。香泥涂地。广造佛像。多用供具。方能成就。（有财物者。广造佛像。多办供具。于佛像前。安置镜坛。对之持诵更妙。）

为准提不拣染净得持诵故。不问在家出家。饮酒食肉。有妻子等。皆持诵。不同余咒。须要持戒。方得诵习。（今为俗流之辈。带妻挟子。饮酒啖肉。是其常业。虽逢僧人教示。习性难以改革。若不用此大不思议咒法救脱。如是人等。何日得出生死。其有斋戒清净依法持诵者。更为胜妙。故准提经云。何况更能结斋具戒。依法持诵。不转空身。往第四天。得入神足。是也。）

直译如下：

因为准提坛法，人人容易成办，只要用一面未曾用的新镜子，依法加持，便成坛场。不似其他咒语，要建办坛场，必须拣选净处，要香泥涂地，广造佛像，多用供具，才能成就。*（不过财力够的话，准提坛也可广造佛像，多办供具，然后安置镜坛，面对持诵更美妙。）*

修准提法，不必拣择染净，都可持诵。不问是否在家或出家，饮酒食肉，有妻子等，依法持诵都可成就。不同其他咒语，一定要持戒，才能诵习。*（尤其现在俗人，大多结婚生子，常不免饮酒吃肉，虽有僧人教示佛法，习性仍难改变过来，如果不用这大不可思议的咒法来救脱，这些人不知要什么时日才能出离生死苦海。如果能够持斋守戒清净，依法持诵那当然更好。所以准提经说：何况更能结斋具戒，依法持诵，不转空身，前往欲界六天中的第四天兜率天，得到欢喜具足的功德。）*

道大师所著《心要》所要针对的是一个具体的人，而不是一个宗派。这种实修的理念更具有人文的思想情怀。

道大师的时代背景

当时，道大师所处的环境正是辽代佛教的盛世，佛教密宗是受到皇室认可的，甚至道宗皇帝自己也精通梵语。道大师的“显密圆通法师”就是皇帝御赐。从佛学思想的角度来讲，辽代继承了唐代的佛学传统，贵族化的义学宗派兴盛，法相宗、华严宗成为辽代佛学的教学中心。辽代佛学发达，名僧辈出，佛学著译学术化特征浓厚，在东亚佛教文化圈居于中心地位，并向周边国家辐射。从佛教信仰上看，辽代社会上至皇帝、贵族、官僚，下至平民百姓几乎无不认同和支持佛教，而且他们的信仰非常虔诚，无功利目的，具有平民化而不世俗化的特点。

辽代最发达的教派是华严，其次是密教，再次为净土以及律学、唯识学、俱舍学等。上京开龙寺圆通悟理大师鲜演，即以专攻华严著名，撰《华严悬谈抉择》六卷以阐扬澄观之说。辽帝道宗对华严学也有理解，撰《华严经随品赞》十卷等。辽代密教学的代表人物有燕京圆福寺总秘大师觉苑和五台山金河寺沙门道㲀。觉苑曾师事印度摩尼三藏，究瑜伽奥旨，有盛名，撰《大日经义释科文》五卷（已佚）、《演秘钞》十卷，发挥一行学说。道大师通内外学，兼究禅、律，后专弘密教，撰《显密圆通成佛心要集》二卷。

道大师关心的不是密宗的立宗，而是当时人们的修行不得力，以及显密之间的矛盾。正如《心要》中序文所载，古文如下：

习显教者。且以空有禅律而自违。不尽究竟之圆理。学密部者。但以坛印字声而为法。未知秘奥之神宗。遂使显教密教。矛盾而相攻。性宗相宗。凿枘而难入。互成非毁。谤议之心生焉。竟执边隅。圆通之性懵矣。

直译如下：

有修习显宗的人，对于各个宗派如讲空的中观、讲有的唯识，以及禅宗律宗等修法理论不能圆融的理解。有修密法的，只是追求坛法、手印、咒音，不知道佛教广博的理论，对于密法不能深入了解其奥妙。于是显宗和密宗的弟子之间发生矛盾而相互攻击对方的修法和理论，唯识和般若之间也难以相容，相互诋毁诽谤，执着自己片面的见解，失去了佛法的圆融无碍。

下述内容在道大师慨叹世人的同时，也体现出了道大师的悲心所在（更标定出《心要》所针对的是大多数的在家众，而不是出家众），古文如下：

今为俗流之辈。带妻挟子。饮酒啖肉。是其常业。虽逢僧人教示。习性难以改革。若不用此大不思议咒法救脱。如是人等。何日得出生死。

直译如下：

尤其现在俗人，大多结婚生子，常不免饮酒吃肉，虽有僧人教示佛法，习性仍难改变过来，如果不用这大不可思议的咒法来救脱，这些人不知要什么时日才能出离生死苦海。

人生短暂，若不推出快速相应之法，有恐后人之根基无法切入佛智。为此，道大师为众生选择了准提法门：快速感应以知佛母功德不可思议。

第四节　降低佛教门槛的意义：密法平民化与普传

其实弘法大师也是看到这一点的，弘法大师明白，要将密法带入另一个高潮期，不能像中国唐朝一样，只将密法依附在皇帝身边，必须将密法普及至民间，才能使密法不至于像唐朝只能兴盛八十多年，而是千秋万代地流传下去。中国密法的衰落，是由于只能在皇室和贵族之间传承，并没有将密法传入民间，因此瞬间便绝传。空海意识到要将佛法传入平民，便做了很多民间教育的工作，藉此将佛法弘扬。　宗教一定要传入群众之间，才可以使这个教法生生世世地延续下去。

这便是弘法大师在整个密宗历史上最重大的革命。这次革命对今天所有密宗弟子的启发是，密宗不再是博士宗教，不能只让博士或有识之士去修习。密法是既使贩夫走卒之辈都有机会修习的教法，所有人都应该有平等的机会去学习智慧，不应将机会只给少数人。密法是属于众生的，而并非只属于贵族和少数人。假如密法只能成为皇族的专利，密法必然会随着政治的转变而消失。空海开创的日本真言宗之所以能经历一千二百多年而历久不衰，其主要原因是弘法大师这一先见之举。

显然，道大师在这点上做得更加彻底，他不仅从教理上平民化，而且让准提法的修法简洁化、多样化、无条件化。这使《心要》发挥了不可想象的历史作用。如果说《心要》是奠定了密法的中国化，还不如说《心要》是奠定了密法的平民化更为贴切。依照《心要》人人可修，哪怕你不懂教理、发心不高、戒律不严，只要持诵准提咒，则一合药的圆教佛果功用一样尽现。辽代的佛教文化给我们留下了很多珍贵的法宝，其中有八大处的佛牙舍利、应县木塔的佛牙舍利、朝阳北塔的佛血舍利，而《心要》就是辽代给我们后人留下的法舍利了。《心要》的准提法影响了云谷禅师等几代人，改变了袁了凡的命运，而《了凡四训》的佛教度化功德更是不可思议的，以至于准提咒成为丛林早课的必修十小咒。

第五节　弘法大师与道大师相关佛学理论的相同与不同点

两位大师论述的相同点

一、重视修行佛法对“心”的认识是重要的，是划分修行层次高低的主要理论依据。虽然两者所处年代相差两百多年，并且有各自不同的地方文化。但却提出了相同的判教方式。

二、对于真言的理解，能深化即教派化。这一点在佛教理论上是非常重要的。两者都认为：真言（咒）的含义，不仅是咒语的意思，真言还是佛祖智慧的体现，真言即是总持（陀罗尼），不是单纯的不可思议的咒语，而是佛智功德、威力，真言可以把整个真实的世界展现给我们。

《心要》古文如下：

又万行总从陀罗尼所流。谓真言中。每一一字。全是无相法界。万行无不从法界所流。故持明藏仪轨经云。唵字即是无相法界。神变疏云。无相法界全是真言。真言全是无相法界。又真言亦名三藏。有持咒者。皆号三藏。谓真言中。每一一字。皆含戒定慧三。且万行不出六度。六度不离三学。既真言名三藏。即知真言总含万行。真言是总行。其余法门是支流行门也。

直译如下：

又说万行总从陀罗尼所流，真言中每一个字全是无相法界，万行没有不从法界所流出。所以《持明藏仪轨经》也记载说，唵字是无相法界。《神变疏》说无相法界全是真言，真言全是无相法界。又真言也叫做三藏，有持咒行者都可称号为三藏。因为真言中每一个字，都含有戒定慧三无漏学的效用。而万行不出于六度（*布施、持戒、忍辱、精进、禅定、般若*），六度离不了戒定慧三学。既然知道真言即名三藏，也是说真言总含万行，真言是为总行，其余法门可知是支流行门了。

道大师不仅用果乘法的密教真言包含了一切显宗，而且用准提法包容了所有的真言密法，形成了显密圆通的准提别部法。

（见下表）

	十住	十界	五种三昧	相应真言	宗派	判教	宗派	经典	悟心	观修
异生羝羊心	第一住心	地狱等五道								
愚童持斋心	第二住心	人道								
婴童无畏心	第三住心	天界		世天真言						
唯蕴无我心	第四住心	声闻			小乘	小乘		《阿含经》《俱舍论》		不净观 数息观
拔业因种心	第五住心	缘觉		缘觉真言	缘觉					
他缘大乘心	第六住心	菩萨	弥勒	弥勒三摩地真言	法相	大乘始教	法相宗	《解深密经》《佛地经论》《瑜伽师地论》《成唯识论》		我空观 法空观
觉心不生心	第七住心	菩萨	文殊	本部三摩地真言	三论宗		无相宗	《般若经》		
如实一道心	第八住心	菩萨	观音	本部三摩地真言	天台	大乘终教	天台	《法华经》《涅槃经》《楞严经》	终教真心	诸法如梦观
						大乘顿教	禅宗	《圆觉经》《六祖坛经》《楞伽经》《思益经》	顿教真心	真如绝相观
极无自性心	第九住心	菩萨	普贤	本部三摩地真言	华严	大乘圆教	华严	《华严经》	圆教真心	事理无碍观 帝网无尽观 无障碍法界观
秘密庄严心	第十住心	佛	大日如来	大日如来三摩地	密教	密圆	旧密	《神变疏钞》《曼荼罗疏钞》		陀罗尼一合药
						显密圆通	别部新密	准提别部法经典		准提咒及坛法

《心要》古文如下：

谓一藏经中。神咒不出二十五部。

一佛部。谓诸佛咒。

二莲华部。谓诸菩萨咒。

三金刚部。谓诸金刚神咒。

四宝部。谓诸天咒。

五羯磨部。谓诸鬼神咒。此五部。每部复各有五。即成二十五部。今准提总摄二十五部。

故准提经云。独部别行。总摄二十五部。

准提真言。既总摄二十五部真言。准提镜坛。亦总摄二十五部坛法。谓二十五部中坛法。或用形像印法梵字等各各不同。今准提镜坛。总摄此一切诸坛法也。故准提经云。总摄二十五部大曼荼罗。梵语曼荼罗。此云坛也。是知镜坛最尊最上。

直译如下：

在藏经中，神咒不出二十五部：

一、佛部，诸佛咒。

二、莲华部，诸菩萨咒。

三、金刚部，诸金刚神咒。

四、宝部，诸天咒。

五、羯磨部，诸鬼神咒。这五部中，每部复各有五部，成为五五二十五部，准提咒总摄二十五部。”

在《准提经》上说：“独部别行，总摄二十五部。”

准提真言，既总摄二十五部真言，准提镜坛也总摄二十五部坛法。谓二十五部坛法中，有的用形象设坛，有的用印法设坛，有的用梵字设坛，各个不同。现在我们学的准提镜坛，具有上面一切坛法的功德。《准提经》记载说：总摄二十五部大曼荼罗。梵语曼荼罗就是坛场，所以镜坛最尊最上。

准提法曼陀罗示意图（彩图见封三）

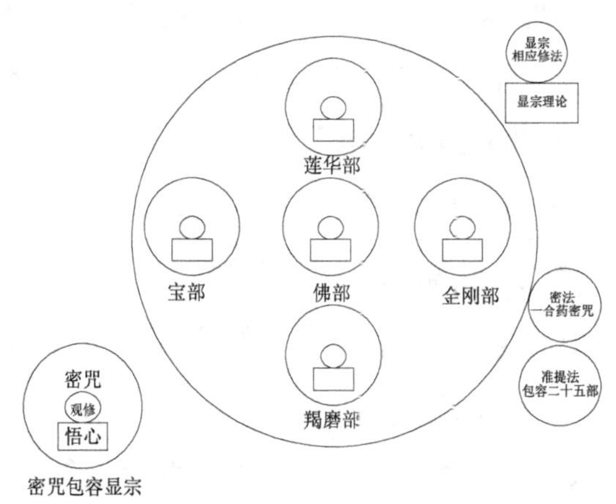

两位大师论述的不同点

一、弘法大师推密法为最高，从理入手。

道大师判密法包容显宗，合二为一。并推出准提别部法门。

二 、学习弘法大师的《十住心论》有利于从另一个角度系统理解道大师的真心判教。弘法大师的理论详尽体系化，而道大师的理论简单明了，更有利于在家众实修实证。

三、弘法大师的果乘与因乘的论述，补充了道大师理论的论述不足。

空海在《吽字义》中写道“今以佛眼观之，佛与众生同住解脱之床”。意思是今以佛眼观察，可见佛与众生本来同住解脱之床，即“以佛眼观之”，所有一切都无二平等。以佛眼观之，佛与众生之间纵向的深浅关系荡然无存，“同住解脱之床”，就是同住悟境之中。空海在《即身义》中写道“当知真言果，悉离”，意思是此处各种热衷于固定因果关系的观点皆为外道，从真言的字义实相来看，所谓的“因”，也是已经远离所有对立面的因，故不是此因结出的果，亦即连“因”都是空的，所以不可能有此因得出的固定的果等。“当知真言果，悉离。”是超出因果之果。在此，空海强调所谓密教的因果是超越因果的因果，这就是终极的密教因果论。

空海在《释论》中引用了因分果分之说，故要重视所谓“果海”是指离机根的境界，真言是也。所谓“因海”，是说有机根的境界，是显宗的前九心。

但是，令人不解的是，弘法大师把第九极无自性心的“果”，作为密法第十住心的初心（因）。这恐怕是为了表十住心的高明而说，似乎有些牵强，有与果乘法相互矛盾之处。如下：

十住心体系中的第九极无自性心（华严宗）。文中的“寂灭之果果还为因”，是指（第九住心）虽然是第八如实一道心上升获得的果位，但相对于第十住心，其果位还是第十住心的因位。“是因是心望前显教极果，于后秘心初心”的意思是，即使此为因位，但此相对于前面的住心是极果，相对于后面的秘密庄严心是初心。因此，所谓因果，如同因→果（因）→果（因）→果（因）→果等，其对前面的住心是果，对后面的住心是因。所以，用于第九极无自性心的“果”，对第十住心而言，就是初心（因）的意思。

道大师则直接引文说明果乘法的胜义，无有推理过程，《心要》古文如下：

答云。谓圆圆果海。是本性成就之法。表非是诸佛修因断障所得故。又表迥出因果之外故。所以言诸佛不得而自求之。据实而论。诸佛皆知得也。故贤首云。性德果海。即十佛境界是也。

问曰。六字大明。准提神咒。即是圆圆果海。即是十佛境界。何以凡夫而得持诵。答云。今密教中说。以真言不思议力。令凡夫三业。同如来三业。而得持诵。又密宗神咒。若据所知所解。即唯是诸佛境界。今因位凡夫。虽非知解。但当持诵。自然灭障成德。超凡入圣也。

直译如下：

答说："所谓圆圆果海，是本性成就之法，本非诸佛经修因断障所得。"又圆圆果海，是表全出于因果之外，所以诸佛不得而自求。据实而论，诸佛皆知得也，所以贤首大师说："性德果海即十佛境界是也。"

再问："六字大明咒、准提神咒既然是圆圆果海，是十佛境界，何以凡夫而得持诵呢？"答说："现今密教中所说，以真言不可思议力，令凡夫三业同于如来三业，而得持诵。"又密宗神咒若据所知所解，即唯是诸佛境界，今因位凡夫，虽不能知解，但应当持诵神咒，自然罪障消灭，成就超凡入圣功德。

四、归宗

弘法大师的论述是以大日如来所传的纯密法。

道大师的论述是以化身释迦牟尼佛为归宗的显密圆通法门。

教分显、密：

弘法大师对显教和密教的判教：在印度佛教史上，释迦牟尼佛创立佛教，提出四谛、八正道等佛法，主要经典存《阿含经》中，此后一二百年形成部派佛教，论著大兴；公元前后形成大乘佛教，主张十方三界到处有佛，其数无量，大乘经典相继出世。大乘佛教对佛身提出种种说法，一般是说佛有三身：1. 法身，也称自性受用身，实际是佛法的最高象征，与真如、法性同义，被认为无所不在，无时不在，然而不能直接说法；2. 报身，也称他受用身，是对无数劫前的往世修行的圆满报应之身；3. 化身，也称变化身、应化身，谓佛为教化众生而显现世间的佛身，认为释迦牟尼佛是化身佛之一。

空海的《辨显密二教论》列举大量经典对所谓显教、密教进行论证。他说：佛有三身，教有二种。应化开说名曰显教，言显略逗机；法佛谈话，谓之密藏，言秘奥实。

问：显密二教，其别如何？答：他受用、应化身随机之说，谓之显也。自受用法性佛说内证智境，是名秘也。按照此论的说法，密教以外的佛经皆是属于他受用身（报身）佛、应化身佛适应众生的根机而说，教义浅显、浅略，所以名之为显教；由自受用法性佛（法身）为自己眷属所说的亲自证知的智慧境界，教义深奥、秘密，难为一般人理解，称之为密教或秘密教、真言秘密教。这里所谓的自受用法性佛，也就是《大日经》中的大毗卢遮那佛，意译大日佛、大日如来，说他光明遍照，显现于宇宙一切场所，随时显现各种形象，通过各种声音向众生宣说深妙佛法。如《大日经》卷一所说："毗卢遮那一切身业，一切语业，一切意业，一切处，一切时，于有情界宣说真言道句法。"

空海通过这一判教，将以往流传的佛教判为浅显的显教，和源自法身佛大日如来的深奥之教的密教，进而从逻辑上让人得出，他引进创立的真言宗是日本佛教中最优越的佛法。

空海在《十住心论》卷十对密教的传承世系作了如下说明：大日佛传金刚萨埵，然后金刚萨埵— 龙猛菩萨— 龙智菩萨— 金刚智三藏— 大广智（不空）三藏— 青龙寺惠果阿阇梨（导师）。如此相承，空海自然是继惠果之后。

从空海的理论来讲，道大师推出的准提法门应是显中之密，密中之显。因为道大师所推举依据的主要经典，是释迦牟尼佛所说，此陀罗尼应是属于显宗的地位。

《心要》古文如下：

不出显密两门。*（仁王经钞云。如来一切教。不越显密两宗。）*于显教中。虽五教不同。而华严一经。最尊最妙。是诸佛之髓。菩萨之心。具包三藏。总含五教。*（梵本有十万偈。此方已翻译者。或八十卷。六十卷。四十卷等。虽文义广博。其中最津要者。唯别行普贤行愿品一卷经文。是华严之关键。修行之枢机。可赞可崇。西天道流。无不依之修行也。）*于密部中。虽五部有异。而准提一咒。最灵最胜。是诸佛之母。菩萨之命。具包三密。总含五部。*（梵本有十万偈。此方已翻译者。有诸师诸本。虽仪式稍异。其中最纲要者。准唐善无畏三藏所译一卷经文。是诸坛之领袖。七众之药饵。可传可尚。东夏高德。无不依之持诵也。）*

直译如下：

不出显密两门。*（《仁王经钞》说，如来一切教，不越显密两宗。）*在显教中虽有五教不同，而华严一经最尊最妙，是诸佛之髓，菩萨之心。具包含三藏，总含五教。（《华严经》梵本有十万偈，中国所翻的有八十卷、六十卷、四十卷三种，虽然文义广博，但其中最重要的是普贤行愿品这一卷经文，它是《华严经》的关键，修行人的枢机，可赞可崇，在印度是没有不依之修行的。）

在密部中，虽有五部之不同，而准提神咒却是最灵最胜之咒，是诸佛之母，菩萨之命。具包含三密，更总含五部。（梵本有十万偈，中国所翻诸师诸本，虽然仪式不同，其中最纲要者，是唐代善无畏三藏大师所译的一卷经文，是属于诸坛之领袖，七众之药饵，可传可尚，古来各高僧大德，没有不是依此经咒修诵的。）

显然从经典的记载来看，佛是化身说法，准提法的显传形式是可以肯定的。

准提法不是经由大日佛传金刚萨埵而来，是佛陀直接传授以经典记载为主依。可见道大师的主要用意，并不是把准提法推入密法的轨迹，而是提出显密圆通的准提法。依照释迦牟尼佛的经典的显宗方式弘扬准提陀罗尼。这个观点，在《心要》中体现无疑，因他在全文中并没有一处提到密宗阿奢黎的概念。在咒音的问题回答中更可以看出道大师依照经典修行的观点，《心要》古文如下：

上来诸咒。藏中各有数本不同。皆是前后三藏。西天诸国语音有异。但依一本诵持。无得拣择。寡学之者。多分受一非余。呵斥圣贤。寄语后人。勿沾斯咎。

直译如下：

上面诸咒语，藏经中有不同的梵音发音版本，全部是因为藏经翻译的时间前后有差别，以及古印度是由多个小国家构成的，各地区的梵音发音也有差别所造成的，因此翻为中文后，会稍有不同。

但依据一本诵持无得拣择。学习佛法少的人，大多数学习了一个法门或者发音，就认为其他的法和其他的发音是不对的，并诽谤圣贤。希望后人，不用染上这个过失。

道大师无非是通过这种方式，让准提法更加平民化并得到普传。要知道当时的辽代，并非像中国佛教历史记载的那样，没有印度式的密法，比如辽代的觉苑曾师事印度摩尼三藏，究瑜伽奥旨，有盛名，撰《大日经义释科文》五卷（已佚）、《演秘钞》十卷。道宗曾经派20多名留学生到印度学习佛法，并有中印摩竭陀国慈贤三藏来到燕京传法，所译经典《大佛顶陀罗尼经》一卷，《大随求陀罗尼经》一卷，《大摧碎陀罗尼经》一卷，《妙吉祥平等观门大教王经》五卷，《妙吉祥平等观门大教三经略出护摩仪》一卷，《妙吉祥平等瑜伽秘密观身成佛仪轨》一卷，《如意轮莲华心观门仪》一卷。

通过上述论证，显然道大师所处的环境，不是当时密法的没落期，而是密法的繁荣期，只不过这种繁荣是从汉唐中心转移到了辽的契丹文化中心而已。在这种历史背景下，道大师平民化的选择，无非是看到了传统密宗的弊端，而与弘法大师心意相通，想法一样，必然要走密法普传之路。只是道大师具体改革得更加彻底，去掉了印度式的灌顶传承以及上师制的政治化潜在绊索，而大开显密圆通成佛心要集之门。这使准提法成为唯一一个中国式的密法普传至今，并迅速发展起来。

道大师是针对“普通个体”修行人的言教，具体修法详尽可行，简洁明了，理论点到为止，这也是当时辽代全民信佛，信众的佛理基础较好之故。

弘法大师是针对当时日本宗派的立宗与发展的角度论述，结构严谨，庞大拢杂，百科全书般的著述。

《十住心论》长达十卷，按十门（十心）详细地对佛教的世界构成、人类社会的形成学说和大小乘佛教的各个主要流派的代表人物、著作、教义，甚至特色作了相关介绍，对与佛教有关的外道也作了概要介绍。因此，我们可以把《十住心论》看作是一部全面介绍佛教的百科全书。从这里，也可以看到空海对佛教具有广博、深入、系统的知识。适应日本佛教当时尚未深入传播于社会的情况，将判教论写成涉及内容广泛的百科全书式的著作。

综述：道大师与弘法大师都以“心”为判教的方式（住心与悟心），来审视修行者对于佛教理论认识的评判方法。对于修行来讲，对于心的领悟的重要性认识，两者是相同的。

不同的是，因为所处的时代不同，佛教环境的差别，二者所持的目的是有所差别的。对于横向的显密关系，以及纵向的心的层次，有或多或少的论述角度差异。

道大师采用了中国传统的包容圆融的思路，推出了显密圆通的准提法。而弘法大师空海应用了十住心的判教，把密教推到佛教理论的巅峰，奠定了真言宗在日本的发展优势和立宗的基石。

参考资料：

《平安遗文》《传教空海消息》《大日经》《弘法大师全集》《三论玄义》

《中国佛教史》 任继愈主编

《日本佛教史● Ⅰ ●古代篇》 永三郎

《新稿日本佛教思想史》杨曾文著

《显密圆通成佛心要集》 道㲉高七师直译

《准提法开示集》 高七师
《准提法问答集》 高七师
《空海的十住心构想与曼荼罗》静慈圆
《空海“十住心”的判教论》 杨曾文
《守望传统：辽代佛教的历史走向》尤李
《房山云居寺石经》中国佛教协会

主要参考网站：

http://www.china2551.org 中国佛学
http://www.zhuntifa.com 准提法网络佛学院
http://www.wuys.com 佛学研究网

辽代佛教参考文献：

史料

（宋）苏辙：《栾城集》，曾枣庄、马德富点校本，上海古籍出版社，1987年。

（宋）晁说之：《嵩山文集》，四部丛刊续编本。

（宋）王称：《东都事略》，台北文海出版社，1979年。

（宋）洪皓：《松漠记闻》，《丛书集成初编》本。

（宋）陆游：《家世旧闻》，孔凡礼点校本，中华书局，1993年。

旧题（宋）叶隆礼：《契丹国志》，贾敬颜、林荣贵点校本，上海古籍出版社，1985年。

（金）王寂：《辽东行部志》，张博泉注释本，黑龙江人民出版社，1984年。

（元）脱脱等：《辽史》，中华书局点校本。

（元）熊梦祥著、北京图书馆善本组辑：《析津志辑佚》，北京古籍出版社，1983年。

（明）宋濂等：《元史》，中华书局点校本。

（清）厉鹗：《辽史拾遗》，《丛书集成初编》本。

（清）杨复吉：《辽史拾遗补》，《丛书集成初编》本。

小野玄妙等：《大正新修大藏经》，日本东京大藏经刊行会，1990年。

陈述辑：《全辽文》，中华书局，1982年。

向南辑：《辽代石刻文编》，河北教育出版社，1995年。

盖之庸编：《内蒙古辽代石刻文研究》，内蒙古大学出版社，2002年。

中文论著

敖汉旗博物馆：《敖汉旗七家辽墓》，《内蒙古文物考古》1999年第1期。

鞍山市文化局等：《辽宁鞍山市汪家峪辽画像石墓》，《考古》1981年第3期。

北京市文物管理处：《近年来北京发现的几座辽墓》，《考古》1972年第3期。

北京市文物事业管理局发掘小组：《北京市斋堂辽壁画墓发掘简报》，《文物》1980年第7期。

北京市文物工作队：《辽韩佚墓发掘报告》，《考古学报》1984年第3期。

朝阳北塔考古勘察队：《辽宁朝阳北塔天宫清理简报》，《文物》1992年第7期。

昌平县文管所：《北京昌平陈庄辽墓清理简报》，《文物》1993年第3期。

陈国莹：《丰润天宫寺塔保护工程及发现的重要辽代文物》，《文物春秋》创刊号，1989年。

陈述主编：《辽金史论集》第1辑，上海古籍出版社，1987年。

陈述主编：《辽金史论集》第2辑，书目文献出版社，1987年。

陈述主编：《辽金史论集》第3辑，书目文献出版社，1987年。

陈述主编：《辽金史论集》第4辑，书目文献出版社，1989年。

陈述主编：《辽金史论集》第5辑，文津出版社，1991年。

陈明达：《应县木塔》，文物出版社，1966年。

陈衍德：《试论辽朝的赋税制度》，《中国经济史研究》1994年第3期。

方立天：《中国佛教与传统文化》，上海人民出版社，1988年。

冯家升：《冯家升论著辑粹》，中华书局，1987年。

（德）傅海波、（英）崔瑞德编，史卫民、马晓光等译：《剑桥中国辽西夏金元史》，中国社会科学出版社，1998年。

盖之庸：《探寻逝去的王朝——辽耶律羽之墓》，内蒙古大学出版社，2004年。

宫崎市定：《东洋的近世》，《日本学者研究中国史论著选译》第一卷《通论》，中华书局，1992年。

《山西应县佛宫寺木塔内发现辽代珍贵文物》，《文物》1982年第6期。

黄敏枝：《宋代佛教社会经济史论集》，中国台湾学生书局，1989年。

黄炳章：《房山云居寺石经综述》，《文博》1996年第1期。

河北省文物考古研究所：《宣化辽墓》，文物出版社，2001年。

河北省文物考古研究所：《宣化辽墓壁画》，文物出版社，2001年。

霍杰娜：《辽墓中所见佛教因素》，《文物世界》2002年第3期。

景爱：《辽金时代的火葬墓》，《东北考古与历史》第1辑。

梁启超：《佛学研究十八篇》（一），辽宁教育出版社，1998年。

李斌城主编：《唐代文化》（中册）第六编《佛教文化篇》，中国社会科学出版社，2002年。

李清泉：《辽代汉人壁画墓研究——以宣化张氏家族壁画墓群为中心》，中山大学博士学位论文，2003年。

刘浦江：《辽金史论》，辽宁大学出版社，1999年。

刘浦江：《文化的边界——两宋与辽金之间的书禁及书籍流通》，《中国史学》（东京）12卷，2002年12月；

《宋代宗教的世俗化与平民化》，《中国史研究》2003年第2期。

刘未：《辽代墓葬研究》，北京大学硕士学位论文，2004年。

吕澂：《契丹大藏经略考》，《现代佛学》第1卷第5期，1951年。

林荣贵：《辽朝经营与开发北疆》，中国社会科学出版社，1995年。

赖永海：《儒学与佛学》，浙江人民出版社，1992年。

罗炤：《〈契丹藏〉与〈开宝藏〉之差异》，《文物》1993年第8期。

内藤湖南：《概括的唐宋时代观》，《日本学者研究中国史论著选译》第一卷《通论》，中华书局，1992年。

内蒙古自治区文物考古研究所、哲里木盟博物馆：《辽陈国公主墓》，文物出版社，1993年；内蒙古文物考古研究所、阿鲁科尔沁旗文物管理所：《内蒙古赤峰宝山辽壁画墓发掘简报》，《文物》1998年第1期。

齐心、王玲：《辽燕京佛教及其相关文化考论》，《北京文物与考古》（二），北京市文物研究所编，北京燕山出版社，1991年。

宋德金：《辽金文化比较研究》，《北方论丛》2001年第1期。

尚晓波：《辽宁省朝阳市发现辽代龚祥墓》，《北方文物》1989年第4期。

史树青：《应县佛宫寺木塔发现的辽代俗文学写本》，《文物》1982年第6期。

宿白：《关于河北四处古墓的札记》，《文物》1996年第9期。

宿白：《独乐寺观音阁与蓟州玉田韩家》，《文物》1985年第7期。

孙进己主编：《中国考古集成●东北卷》第14、15、16册，北京出版社，1997年。

谭蝉雪：《唐宋敦煌岁时佛俗》，《敦煌研究》2001年第1、2期。

汤用彤：《汤用彤全集》第二卷《隋唐佛教史稿》，河北人民出版社，1996年。

王吉林：《辽代"千人邑"研究》，《大陆杂志》第35卷第5期。

汪圣铎：《宋代对释道二教的管理制度》，《中国史研究》1991年第2期。

武玉环：《辽代的赋役制度》，《北方文物》2003年第1期。

（法）谢和耐著，耿升译：《中国5—10世纪的寺院经济》，上海古籍出版社，2004年。

谢重光：《汉唐佛寺社会史论》，国际文化事业有限公司，1990年。

阎文儒、傅振伦、郑恩准：《山西应县佛宫寺释迦塔发现的〈契丹藏〉和辽代刻经》，《文物》1982年第6期。

杨家骆主编：《辽史汇编》，台北鼎文书局，1973年。

杨晶：《辽墓初探》《北方文物》，1985年第1期。

杨曾文、方广锠编：《佛教与历史文化》，宗教文化出版社，2001年。

游彪：《宋代寺院经济史稿》，河北大学出版社，2003年。

余英时：《士与中国文化》，上海人民出版社，2003年。

张家口宣化区文管所：《河北宣化下八里辽韩师训墓》，《文物》1992年第6期。

张畅耕、毕素娟：《论辽朝大藏经的雕印》，《中国历史博物馆馆刊》总第9期，1986年9月。

张畅耕：《〈龙龛手镜〉与辽朝官版大藏经》，《中国历史博物馆馆刊》总第15、16期合刊，1991年5月。

张畅耕主编：《辽金史论集》第6辑，社会科学文献出版社，

2001 年。

张曼涛主编：《现代佛教学术丛刊●中国佛教史专集之五》，《宋辽金元篇》（上、下），大象文化出版社，1977 年。

张帆：《试谈宣化辽墓中所见真容偶像》，《中国历史文物》2005 年第 1 期。

张先得：《北京市大兴县辽代马直温夫妻合葬墓》，《文物》1980 年第 12 期。

张国庆：《略论辽代上层僧侣之特色》，《松辽学刊》1993 年第 3 期。

张泽咸：《一得集》，兰州大学出版社，2003 年。

郑绍宗：《丰润天宫寺发现的辽代刻经》，《内蒙古文物考古文集》第 2 辑，中国大百科全书出版社，1997 年。

中国佛教协会：《房山云居寺石经》，文物出版社，1978 年。

中国佛教图书文物馆：《房山石经题记汇编》，书目文献出版社，1987 年。

中国历史博物馆、内蒙古自治区文化厅编辑：《契丹王朝——内蒙古辽代文物精华》，中国藏学出版社，2002 年。

朱子方：《辽代佛教的宗派、学僧及其着述》，《辽金契丹女真史研究》1986 年第 1 期

朱子方、王承礼：《辽代佛教的主要宗派和学僧》，《世界宗教研究》1990 年第 1 期。

朱子方：《〈丰润天宫寺塔保护工程及发现的重要辽代文物〉一文读后记》，《文物春秋》1991 年第 2 期。

外文论著

日文

妻木直良：《论契丹雕造大藏经的事实》，《东洋学报》第 2 卷第 3 号，1912 年。

神尾弌春：《契丹佛教文化史考》，满洲文化协会，1937 年。

田村实造：《契丹佛教社会史考察》，《大谷学报》第 18 卷第 1 号，1937 年 2 月。

胁谷撝谦：《辽金佛教的中心》，《六条学报》第 135 号，1913 年。

野上俊静：《辽金的佛教》，平乐寺书店（京都），1953 年。

冢本善隆：《石经山云居寺与石刻藏经》，《东方学报》（京都）副刊，1935 年。

《在日本遗存的辽文学的影响》,《东方学报》(京都)第7册，1936年。

竺沙雅章:《中国佛教社会史研究》,同朋舍(京都),1982年;

《宋元佛教文化史研究》,汲古书院，2000年。

英文

Nicola Di,Cosmo,Ancient China and its Enemies—The Rise of Nomadic Power in East Asian History,Cambridge University Press,2002.

S.,Teaser,The Scripture on the Ten Kings and the Making of Purgatory in Medieval Chinese Buddhism,(Honolulu)1994.

Karl A.,Wittfogel and Feng Chia-sheng,History of Chinese Society Liao(907--1125),New York:Macmillan Press,1949.

高七师

敬集献准提 2009 圣诞文日

第七章 心的分析

第一节 心的概念

现在我们一起学习过去的文章，因为有些文章学术性比较强，但却对学习佛法及自身修行具有非常现实的意义。下面继续把以前讲过的一些佛教概念一同来学习，我觉得这是有必要的，因为之前所讲的几篇文章比较宏观地概括了佛教对“心”的解释——涵盖了因历史文化不同而产生的对“心”这个概念内容的变化和变迁，以及我们在修行中容易经常犯的对心的概念错误的应用和认识。为了补足北大及其他佛教、哲学科研院所某些研究空白，学院提出了学习《俱舍论》的思路。《俱舍论》是学佛的基础，因为这部经论对佛教的基本概念阐述得非常清楚。

在佛教的语言交流以及论述中，运用比较多的概念就是“心”。什么是心？心生万法、应无所住而生其心、平常心即道、明心见性等等，到处都在用“心”的概念。刚才我讲得这几个“心”的概念中，我们听着好像是一样的心，但实际上它包含的内涵是相差很大的。如果不能把心的内涵和概念学清楚，认识明白，就会导致张三想说的意思，并不能准确地传达到李四的意识中，致使他会产生错误的理解。我们在佛教的研论过程中，往往也会出现概念偷换的情况，而情况出现得最多的是：关于“心”的概念；关于开悟的概念；关于涅槃的概念。学院介于此，为了让大家节省时间，在2008年邀请了北大王颂老师，专门把佛教所有跟心有关的内容，都做了订正，并且用PPT的形式进行了详细地讲解。学院也录制了音频，撰写了文章，来传播王颂老师对心的概念的介绍和阐述。很高兴有这个机缘，把心的概念再重新阐述一下，共同再来学习一遍王颂老师讲得这篇文章。

“心”的概念，其实对所有人都不陌生，如果简单地把心来做一下分类的话，基本可以分成五种意思。对于没有学佛的人，问他们什么是心，他会用手捂住自己胸口说，我的心，在这儿。这是心的第一个概念——就是肉团心，心脏的意思。第二种心是质多心，它的概念是积集的意思，是我们思想、意识、认识的积集，也称积集心。第三种心是思量心。我们看到一些现象，并加以分析、思考与我的关系，这就叫思量心，思虑心。我们常常说的末那识就是指思量心，思虑心。第四种心是缘虑心，了别心。我们常常叫它藏识，或阿赖耶识，就是了别心。第五种心是如来藏心，也叫自性清净心。整个心的概念大概分这五种。

如果我们说我的心痛，基本是指肉团心。而如果我们对事物有整体的一个认识，或眼睛所见，然后见到的东西，在我们的心里形成一个相，这就是积集心的作用。由此可见，心的概念非常复杂，心的概念变化也非常大，甚至在一部经中，一个学派中，心的概念也是极其复杂的。

比如唯识学中把心划分为心、意、识三部分。而小乘、大乘以及各个宗派对心的概念划分，也是各有不同。这就是我们容易对佛教的理论产生差别，相互之间产生错误认识的主要原因。因为对一个概念有不同的理解和解释。所以我们在对话时，容易对他人的言词、理论认识形成错位理解，从而产生差异，甚至产生争论。概念的模糊性，也会造成对经典的错误理解，进而导致我们修行方法和方向的错误。因此对"心"的理解，对"心"的认识，是一个修行地图的修正过程，也是我们衡量学习佛法进步的标尺。

如果对"心"的概念层次划分不清，同一句话，心的概念就会被偷换成不同的意义。因此今天主要讲心的几种形态，只有将这些概念理解清楚，当我们在与别人说话、讨论时，如果他的语言中有心的概念，我们就知道他谈论的心是哪个层次的心，是指肉团心，还是指积集心或其他心。

这里讲解的内容多多少少有些学术性，可能大家不能一时完全理解，没关系，希望通过一而再、再而三地讲述，使大家对心的概念能够逐渐清楚理解。一般我讲经或者讲问题，都会从三个角度来讲，先粗略地讲一遍，让大家从整体上有个宏观的认识，能理解百分之三十。其次再详细讲一遍，每讲一个细节的时候，我们能再理解百分之三十。最后回过头来，再从宏观的角度讲，再理解百分之三十。

这样，大家差不多学习完之后，就达到百分之九十左右的理解率了。希望这次讲，就算大家有些不明白的地方，也不要太着急，能听明白多少，就理解多少。

现在详讲第一种心，就是我们常说的肉团心，生理学角度讲，就是心脏。很显然这个心是物质的。在心的五种分类中，只有这个心是属于物质的心，其他四种心，都是指心理、精神层面。

第二种是积集心。这个心非常重要，是我们在日常生活中，运用最广泛的一个“心”的概念。这个心用相来解释会更确切一些。比如，当我们看到一个人从公共汽车座位上站起来的时候，你看到他从起身站立，他的表情，以及当时环境的各种声音，总体上给你一个印象。我们对这个印象的摄取、采集的过程，这个认识过程，就是你积集心的形成。积集心是把各种光色、感觉、人的行为等信息集合到一起，形成一个心相。

积集心具有积集的功能。它把我们五官感受到的信息聚合在一起，形成主体的一种认识。这种主体认识是以一个相的形式出现，就像我们给眼前的事物拍照片一样。我们的心就有这种能力。

第三种心是末那识，末那识也常叫作我执识。它本身的一种中文意思是思虑、思量。第二种积集心是取相，而末那识心，不仅是取相，而且又多了一层内容即考虑，反思。总体而言，就是我们把看到的各种相，再进行加工。这是心更深一层的意思——再加工，谁再加工我们看到的相，就是末那识。

第四种心叫藏识，是含藏的意思。这个藏识的概念，其实已经突破了一种心的概念，这个心已经向本体的角度出发了。它突破了精神和意识的层面。我们常常说末那识——是恒加思考“我”的，它会审思并不断地产生种子。这些种子到底会根植于哪里，就需要给种子找个地方。因此第四种心，已经超脱了我们个体心的概念，进而向哲学本体，即所谓本体论的心转化了。它具有唯识学所说的阿赖耶识的概念的前身。

这个概念是极其复杂的。在中国教界对藏识的争辩，也是最多的。藏识究竟是清净的，还是不清净的，它本身就是如如不动的，还是可以被污染的等，针对这些概念上的争议也是最多的。因此，修行理论很大的篇幅中，我们都是用功在藏识上、如来藏心上，从这个认识的高度上来回答很多问题。

第五种心叫如来藏心。在《显密圆通成佛心要集》中，道大师对心的判教中，并没有过多讲前四种心，而是整体对如来藏心的概念进行了深化与阐述。佛教关于心的概念有两大趋势：一种是法相宗的趋势，把心分成心、意、识三部分。另一种趋势就是把心从相、心、性三个角度来划分，在心的概念后又推出了一个"性"的概念。相是由心生，心是由什么生呢？因此推出了"性"的概念。我们看"性"的中文是怎么组成的：一边是竖心，一边是生，意为心由性生。"性"的深度要比"心"要深，"心"比"相"要深。

再细讲第三种心即"末那识"，就是思量心、思虑心。这个心也可代表着娑婆世界的"我"。佛教所讲，人们执着的轮回主体，就是末那识，它是"我"—— 我们以末那识这个心作为立足点。比如，我们在公共汽车上看到一名老人，这是哪种心在起作用呢？积集心！我们积集了看到的情况—— 我看到了一名老人需要让座，看到的信息是我的积集心在起作用。积集心起作用之后，哪种心再起作用？—— 是我们的意识，要考虑，要思考。这时有一个概念就出来了：“年轻人应该给老年人让座。”这个概念就是我们内心产生的意识。但这时末那识往往所代表的另一层意思，思虑心又起作用了——它马上又以我的角度去分析让座的概念，把让座的问题，又反归指向于自我了。“我让不让呢”？可能会产生：“我今天工作一天很累了，就不给老人让。前面坐的人比我年轻，他应该给让。”然后给我找理由不让座。这种我执，就在末那识里出现了。

末那识的出现，即当时这个心又是从哪里提出的思考内容？它的原材料是从哪里来的——“年轻人给老年人让座；或者我很累，不想让座；或者前面的人比我年轻，他应该让座”等这些内容，就是藏在藏识中，通常说的阿赖耶识中。末那识到原料的仓库里抓一把原来潜在的意识，然后作为我们的了别、判别的方法，这就是我们的缘虑心。拿着阿赖耶识里面的原料来进行思考，是谁来思考呢？——末那识来思考。这是一连串思维意识反应，出现的“心”也比较多，在一系列连贯的眼见、积集、思考、执我、收藏等过程中，我们也把整个“心”的概念，清晰地都串起来了。

第二节　应无所住而生其心

《金刚经》中讲：应无所住而生其心。其无所住而生其心中的“心”，是指哪个心？当然不是第一种心，它不是肉团心。无所住而生其心的“心”，是不是末那识呢？当然也不是——因为末那识是指向自我的。其实应无所住而生其心的“心”，有两个含义：一、当我们这个心有所住于相时，就会生起“了别心、缘虑心”；有所住而生其心的“心”，是指末那识和阿赖耶识两种心。二、如果我们对瞬间万变的现象不去执着，生起的“心”就不是末那识。“无所住”就是放弃末那识的心，不要执着于我。同时藏识心也要放下，这样才能真正达到如来清净心。所以，无所住而生的“心”，最初的概念就是积集心即积集的意思，积集信息而不受末那识影响，让清净心显现。《圆觉经》中讲到：“善男子，但诸菩萨及末世众生，居一切时不起妄念，于诸妄心亦不息灭。住妄境不加了知，于无了知不辨真实……是则名为随顺觉性。”

我在这里并不是想讨论，“应无所住而生其心”这句经典全句的意思，只是定义其中所讲的“心”，具体是指哪种心？通过分析，更多是指第二种心——积集心。并让积集心，不受末那识和阿赖耶识的干扰，达到干干净净地看到事物真实相貌，真实的起灭，三际托空的效果。

佛教的概念很多，如果我们不对这个“心”的概念进行详细学习、认识，会导致在经典的理解上常常出现很多问题。什么是意识？意识和心有什么关系？我执与心有什么关系？我执也是一种心，轮回的主体就是这个心。藏识也叫心，心的概念极其复杂——因中国的语言往往是一语多意，这种情况既有优点，也有缺点。而在阐述哲学问题的时候，讲到心的概念时，每个人都有自己的理解，对心所代表什么意思，大多数人通常忽略他人的理解，认为对方与自己的理解标准是一致的，造成你也说心，我也说心，但对“心”的概念理解却根本不一样。

第三节 一心阐二门

《大乘起信论》中也提到心，讲一心开二门。此心是自性清净心，也是众生心。很显然是指如来藏心，它已超出了心的个体性范围，是属于本体性的内容。而所说的二门是指如来藏的功德，即如来藏的相和用，它的用能生一切万物万法。五种心中最后的一种心——如来藏心，就是《大乘起信论》所指的心。

一心阐二门的心，不是你的意识，你产生恨，产生爱的心，那是你的意识即积集心和末那识，是缘念之心，它们是真心的小小体用，并不是《大乘起信论》所说的一真法界，平等不增不减的心，也不是佛法修行所要证悟的。虽然，佛教的初期是反对本体论的，因为本体论容易和梵天思想相互混合，所以，佛陀在当时并不开演。但是到佛教的后期，梵天思想已经不再是人们错误认识世界的理论，为了更清楚描述佛法修行的果和修行的本体，在佛教发展到一定阶段时，佛教的本体论还是出现了，这是大家都回避不了的问题。这个本体论把"心"赋予本体论的内涵——就是如来藏心的出现。

第四节 极乐世界在心中

我们常常说，极乐世界就在我们心中，这个心是你的肉团心吗？你会说，不是。此心也不是你见色生心的"心"，不是你思维的心，也不是你执着于自我的末那识，也不是你的了别心，此心是指自性清净心，如来藏心。如果你不知道心的概念划分，"净土在心中"这句话，你可能理解为是你的积集心、分别心。如果你想极乐世界不存在，那它就真不存在了吗？想它存在它才存在吗？或者说我内心清净了，就到极乐世界了。实际上，这个内心清净的心，已经被你偷换了概念。内心清净与万法心生，以及心净则佛土净中指的心是两个概念。极乐世界在心中的“心”是指如来藏心。而你判断自心清净不清净的心并不是如来藏心，而是你的积集心、思虑心。你的思虑心清净与否，与极乐世界是没有任何关系的。只是人们往往因不了解“心”的概念，却偷换了“心”的概念而不自知。因为我心善，心好，心净，我这就是极乐世界。你心不净，极乐世界就不存在吗？这是绝对的偷换心的概念，会产生一种自大狂的倾向。有人说极乐世界存在于自心中，我心净了，就达到净土境界了，就不需要往生极乐世界了。我就问他，你看我这只手是不是心生的？他说，万法都是心生的。我说这只手是心生的，这个电脑是不是心生的呢？也是心生的，你认为电脑不存在，电脑就不存在了吗？电脑存不存在，跟你的心净与否有关系吗？没有关系，你心净也好，不净也好，电脑仍然存在，我这只手也仍然存在。如果你说我的手不存在的话，那我打你一下，看你痛不痛？存不存在？为什么会出现这样的学佛狂人呢？就是他盗用了心的概念，把如来藏心，自性清净心的概念，偷换成自己小小的末那识或思虑心了。因此，才会出现很多学佛狂徒，认为净土在心中，净土在他的心中，他想有就有，他想没有就没有。这是佛教界最容易出现的偷换心的概念。当然，这种类似：心净佛土净。因为我心净了，净土就存在；我心不净，净土就不存在等对心的错误认识，根源在于对心的概念模糊，把如来藏心与积集心、意识混为一谈了。

很多时候，我们在不知不觉中，常常犯这种极其低级的错误，说明我们对佛教概念，并不是很清楚。如果你对于佛教的概念，掌握得不清楚，用概念堆积起来的理论，可能清楚吗？能够指导你修行吗？答案是否定的。我们学佛修行，一定要把最基本的概念学好。在所有的佛学院中，首先要学的第一个内容，就是世亲菩萨的《俱舍论》。因为《俱舍论》中对佛教的基础概念，是解释得最为详细、透彻、清楚的。当然各种佛教概念，到大乘的发展，唯识学的发展，中观派的发展，是有一些变化。但这些变化都是在大众部概念的基础之上，发展了自己的思想，总体概念的变化并不是很大。

通过这次简单的讲述，希望大家对佛教的概念，能够重新入手，学一学什么是缘起？什么是因果？什么是业力？什么叫心… 这些常常挂在嘴边的概念，认真看一看，我们是不是真的都理解了佛教的概念，还是我们用自己的想象偷换了概念。我们的语言中，到底有多少内容是真正符合佛陀的教法？只有这样，我们才能够称自己是一名真正的佛教徒，—— 因为我掌握了佛教的概念。但为什么有些人，修学到一定阶段之后，不敢说自己是佛教徒，因为他心虚，看到他自己过去的狂妄—— 佛教最基本的概念都没有掌握，对佛法的认识都错了，要真心忏悔！

但是学什么都有一个过程。能认识到错了，说明我们本身修行已经进步了。能够重新理顺自己的思想，重新认识自己对佛法的理解高度，这种反思的本身，就是我执减少了，轻了，是修行上进步的一种表现。大家不要听我讲完“心”的内容之后，有一些恐惧心理：原来学佛这么难啊！或者，我这不是退步了吗？原来学的内容不是没有用了吗？绝非如此。道大师在《心要集》的前部分，把如来藏心和我们修行主体“心”的概念，讲述得很详细。我所讲的

“心”的五种分类，主要是避免大家与其他人在讨论时，或者看其他经典时，容易混淆与《心要集》中讲心的概念，也为我们能够看清分清原始佛教中“心”的概念的一些错用。将心细分成肉心、质多心、思量心、缘虑心、如来藏心这五部分，就更利于我们理解佛经，吸收佛教的一些基础理论，从而更好地掌握佛陀教给我们的各种修行方法，而不只是准提法。

通过上面的学习，我们知道，王颂老师列出来的心的概念中，大体可以分五种：肉团心，质多心，思量心，缘虑心和如来藏心。第一种是心在何处——如果你面对一名西医，或一名解剖医师，他会告诉你，心在心脏的位置。第一种心是指我们肉体上这个物质的，能够跳动的，提供身体血液的肉团心。肉团心以外的四种心，都不是物质属性，而是属于精神层面的内容。第二种心叫质多心。质多是梵文，有聚集，积集心的意义。实际上我们可以把质多心，看成一面镜子，这面镜子把看到的，听到的发生在我们周围的一切进行汇集，汇集后在镜子上成为一种相，这种相所形成的综合统称质多心。质多心的功能类似于照相机，简单地说质多心的聚集作用，是感官和外在因素的一个整体结合。第三种心叫思量心，也叫末那识。虽然王颂老师给它放在质多心后边，但是我觉得放在前边也可以。前面的质多心像镜子一样，只是摄取一种相，并没有内在的参与，只是感官和外在因素的互动。一旦有内在的审思参与，那它就不是相了，而是一种意识。思量心有审思，它会采集一些内在思想的影响，它的这种相不仅取外在的相，也取内在的相。这是思量心与质多心的又一种分别。之前肉团心和质多心是肉体和精神的分别，而质多心和思量心的区别在于，一个是简单的摄取外相的聚集，另一个是取内在相即有自己的加工，这种加工的过程，就是思量思虑的过程，同时也是烦恼产生的过程，这就是意识。

这种意识取相的过程中，我们取得最多的是什么相？当然就是我相。也就是说，思量心是有我的，有分别的。它是经常在恒审思量与我的关系，眼见的、心想的所有的事情对我的好与坏的问题。这就是所说的末那识。末那识也是一种心，叫思量心。但思量心取的内相是从哪里来的呢？这个“我”又是从哪里来的呢？我们的习气又是从哪里来呢？这就涉及第四种心叫了别心、缘虑心也叫藏识。藏识就是阿赖耶识，我们所说的心意识，其中“心”就是阿赖耶。它像一个仓库把末那识所取的相、习气或者说你的种子，都放在藏识中了。需要的时候，你的那个我执，就在这里边取出自己想要的东西。比如现在大家都在听我讲课，虽然你们听到的声音都是一样的，但是每个人的理解和所得是不一样的。我的声音就是外相，大家摄取的外相都一样，为什么所得会不一样呢？因为你们听到的内容，是你的末那识在你的藏识中，把你过去的佛教概念或佛教知识取出来，再加上我讲课的声音内容，融合在一起，就是你所学到的、所感知到的、所领会的内容。并不是所有人听我讲课，都能得到同一种效果，或者都能领会成同一种的意思，这绝对不可能。

每个人的藏识里面的内容都不同，然后末那识又把新学到的东西变成藏识的种子，这样来来回回，种子和现象之间相互熏习。我们每个人的藏识都像一个仓库，藏着我们各自的习气、习惯、知识、业力、种子等等。

藏识的概念在唯识学的发展过程中，有没有变化呢？也是有的。当遇到每个人的阿赖耶之间是如何作用的？阿赖耶是清净的还是不清净的这些问题时，这时心的概念，又有了一次发展—— 是向本体论上的一次发展。我们认为，阿赖耶识的背后，或者是阿赖耶本身，就是如来藏，就是真心。这里面还存在一种学术上的辩论，就是阿赖耶识到底是染净无二的，还是其他的形式，这不是我们今天要谈论的范围。

综述心的概念有三个分界：第一个分界是物质的心和精神的心的分界。第二个分界是有意识思维的心和没有意识思维的心的分界。没有意识思维的质多心更像一面镜子，把东西给照住，仅仅形成一个相。而意识思维的思量心，不仅要照这些相，而且把自己原来底版上的内容，连同照住的相混在了一起，形成了意识。第三个分界是有我和无我的分界。一旦意识中有我的内容存在了，如：我的好，我的坏，我的善，我的恶，有这种阿特曼或者说是补特伽罗，我的概念就又是一次分化了，这时产生了末那识，也叫了别心。末那识的根源在哪里？它的种子是在阿赖耶里。阿赖耶包含在如来藏里，包含在真心里。大体上，心包含这几部分的内容。这也是“心”的概念从原始佛教，到大乘佛教最主要的几次变化。

现代是一个多元化的社会，每个人的因缘也不同，对心的概念，我只讲一下心的分类。对“心”的概念的发展，以及对修行的理论影响，如什么是心？什么是心所？什么是心王？什么是意识？以及“心”与空、净的关系，轮回的关系，与解脱的关系等，天台宗，华严宗，禅宗以及中国佛教大宗派，它们对心的一些独特的见解和理论，希望以后我们有机会能再次学习。

我们修行就是修心。什么是心，如果对“心”的概念都不理解，就枉做一名学佛人了。因为我们不认识自心，就不知道要抓的贼长什么样，又怎么能捉到贼呀？所以，对心的理解，虽然内容很繁琐，但我们应该很好地下大功夫来学习它、研究它。

下面讲阿赖耶识和如来藏心在中国的发展变化、对我们修行的指导，以及如何用“心”的概念来反思我们在学佛过程中与心有关系的内容。如果我们理解认识了心的五个层次，当别人说“平常心是道”时，他所说的“心”是在五个层次的哪一层，我们就会很清楚。不然你理解的心和他所说的心不在一个层次，就会造成沟通的误会与烦恼。比如，为什么末那识，在无我和有我之间，已经划分出一个概念了；修行时我们只要转阿赖耶识，证人无我，就可以成就。但这里有个问题，为什么要出现阿赖耶这个概念？因为阿赖耶可以解决过去佛教在传播过程中遇到的问题。准确地说，是阿赖耶的概念能够解决哪些修行中的问题。

我们每个人在一生中，都会做一些善事，一些恶事，人很难做到纯善或者纯恶。王颂老师在心的分析中举了一个例子，耶稣在世时，异教需要把一名妓女处死，准备用石头砸死她。其中有个异教徒为了难为耶稣，就把石头交给耶稣说：这名妓女应不应该砸死，你来砸第一块石头。实际上这是一个两难的歧义，如果耶稣不去砸，耶稣将是公开对抗违背民族传统；如果耶稣去砸，他就不慈悲了。耶稣当时就问：如果你们这些围观的人，有任何一个，说你们这一生中什么错误都没有犯过的话，我就扔石头。结果没有一个人敢承认一生中没有犯过错误。也就是任何人都有可能犯过错误。但是如果一个总是作恶事的人，他在临终的时候，忽然做了一件好事，那么他死后到底是在善道，还是恶道呢？到底是升天，还是下地狱呢？我们又应该如何来评价一个人到底是好人还是坏人？这就需要对他的整个人生进行一个善恶的衡量。既然要衡量，这些如种子般的善业、恶业，就要放在一个容器或空间里，有了这样一个容纳善恶的容器，我们最后才能决定，这个人到底是去善道还是恶道。阿赖耶或藏识就如同容器，成为了评判人是善是恶的衡量标准。如果没有阿赖耶这个概念，我们是很难分别这个人是好是坏，是善是恶的。

阿赖耶的概念出现之前，大多数人是以人的临终状态，判断其往生到哪一道，这种判断相对有失偏颇。当阿赖耶概念出现之后，我们知道，每个人善业恶业的多少、轻重是能积蓄的，并都能记录记载，它们都记载在阿赖耶里面。所以，阿赖耶的概念非常重要，是学习佛教的基础。同时也为佛法的修行、判断人的善恶提供了一个很好的支点。这是阿赖耶概念存在的一个意义。它的出现使佛教乃至整个宗教，无论是解释精神现象，还是解释轮回现象，都更加有力和完善了。

肉团心与质多心、思量心等其他四个层次的“心”，是“心”的概念中物质与精神层面的一次裂变；质多心与思量心即末那识，则是“心”的概念中无自我意识与自我意识的一次裂变。当如来藏心的概念出现时，“心”的概念发生了本质的变化——个体心与本体心的裂变。

阿赖耶是属于个人的心，即比较抽象的精神层面内容。如来藏、真心或者说真如，不仅是意识或精神现象，它可以说上升到一个本体心的概念了。这个本体心即真心或真如，也是中国佛教的一个重点。因为，如来藏正是佛法修行要证得的那个“心”，对如来藏的认识不同，修行的方法也会不同。这是中国佛教为什么会出现各个宗派的一个主要原因。

“心”的概念的不同划分，佛教出现了小乘佛教、部派佛教、大乘佛教等不同的教派。对如来藏的不同认知，中国教界又划分出天台、华严、禅宗等不同的宗派。由此可见，对如来藏不同的认识，其相应的修行方法也是有所不同的。比如原始佛教对真心的认识，是通过学习四谛、十二因缘等佛教的理论，来认知证悟。部派佛教对认知末那识比较重视，提倡去除末那识中“我”的染污、“我”的习气，达到灰身灭智才能证得圣果。当阿赖耶识的概念即唯识的种子说出现后，修行的主体方法就是转识成智了。当佛性论体系传到中国的时候，中国佛教的重心就放在了如来藏、真心、佛性论等理念上。这种理念是不用去除自身的习气，只要把真心找到，看到自己的真心，就是明心。见到自己的本性，就不修而成佛了。佛本没有来，没有去，就是如来。

传到中国之后的如来藏即真心、佛心，由于大家的认识不同，而产生了不同的修行方法。

如来藏也可以叫妙明真心或本体的心，是可以分出不同的层次。按照《显密圆通成佛心要集》的划分方法，能划分成三种层次的心。一种层次的心是同教真心中的终教真心，它所对应的佛法经典是《法华经》、《涅槃经》、《楞严经》中所说的心。此心包含三世间四法界，山河大地都在我们心间。而我们原来所说的缘念之心，父母所生之身心，都不是真心。另一种层次的心是顿教真心，如佛法经典中的《楞伽经》、《六祖坛经》、《圆觉经》所揭示的就是顿教真心。再一种层次的心是一真法界之心，即《华严经》所讲的心。

终教真心说山河大地，在心中如一浮尘；顿教真心又说此心截然清净，弥满圆融，根本不存在山河大地，山河大地本是虚幻，这是为了让我们明白，其真心的广大而做的假设；一真法界之心包含三世间，具有四法界，全此全彼没有障碍。在法界内，所有凡夫圣者，所有理事，随便举出一法一物，都是大法界心。甚至于一粒微细尘粒，也是大法界心。

终教真心、顿教真心、一真法界之心分别对应大乘终教、大乘顿教和大乘圆教。天台宗所守的心是终教真心；禅宗中明心见性的心是顿教真心。华严宗的一真法界之心是圆教真心。道大师对真心的划分以及判教思想，在弘法大师的《十住心论》中进行了论述，认真研读这些文章与概念，就能理清终教真心、顿教真心和圆教真心的区别，才能对佛教的理论有更深层次的理解与修学。

掌握好"心"不同层次的划分之后，当我们与别人谈论相关内容时，或者阅读与心有关的概念时，就能够如理地将"心"进行归类。对方提到的"心"是指肉团心还是质多心，或者其他的"心"。如果是指如来藏心，那这个真心又属于哪种真心。如果能把这些概念之间的区别划分清楚，我们在学佛或者读经典、理论的时候，对佛法就不会出现错误的认知。

将如来藏进行层次划分的意义十分重要。现在我们不妨从中国佛教最著名的一则禅宗公案中，分析这个心的概念变化。这个禅宗公案就是六祖慧能与风动、幡动、心动的故事。当年慧能来到广东的一座寺院，看到几位僧人在争论关于寺院内经幡在飘动的这个现象。一位僧人说是风动所以幡才动。另一位僧人说是幡自己在动。在他们争论不已的时候，正好慧能来了，他说：不是风动，也不是幡动，而是仁者心动。大家听后都不禁拍手称绝，并对慧能极其尊敬。

那仁者心动的“心”究竟是什么心？在过去，我们在上政治课的时候，经常批判佛教是唯心的，之所以批判是因为我们过去没有学佛的时候，将仁者心动的这个心理解为意识、我们的思想念头，即心的概念中第三种思量心的意思。所以，会认为六祖说的不是风吹幡动，也不是幡在动，是我们的意念动了，幡才动的，这一理论是唯心主义，因此批判六祖唯心。但是通过学习，我们发现实际六祖所说的仁者心动，不是我们所说的意识或念头。如果是指我们的念头，那这个仁者心动，到底是哪个人的心动了？如果说一个人的心没有动，幡就不动了吗？显然将其归结到意识，是个错误的认知。

六祖所说的仁者心动应该是指如来藏，绝非我们所说的意识。作为佛教徒，我们可以从缘起上来分析整件事情的原委。首先为什么这座寺院的僧人会讨论是风动还是幡动这件事呢？他们就这么无所事事吗？当然不是这样，从他们的讨论可以分析出，应该是中观学派的僧人在进行一次正常的佛学辩论。这次辩论按照大乘中观的学术标准来说，是一种四句的讨论模式。他们正用龙树菩萨的中观理论，在推导一个无自性的问题——即运用风动和幡动在解释“诸法不自生，亦不从他生。不共不无因，是名为无生。”他们不是漫无目的地闲聊，而是在论道，在解决佛学中观派中无生这一概念。

中观学派中“无生”是讲：所有存在之诸法无实体，既不是A也不是B，也不是A+B，也不是非A，非B。既不是风动也不是幡动，也不是风和幡加在一起才动，也不是离开了风，也不是离开了幡，从而证明这个幡动本身是不生，是无生的。那些法师在讨论这个问题时，为什么慧能大师会说，不是风动也不是幡动，但却没说，也不是风和幡加在一起不动。而是说了一句，是仁者心动，就让这些饱学中观的出家法师，对他刮目相看。这其实是公案中很大的一个疑问，却没有人真正地在这个问题上下功夫。

对于学过“心”的层次划分的人来说，其实这个问题很简单。如果按照道大师对真心的划分形式来讲，中观这种般若无相的观念，是属于弘法大师著述的《十住心论》中的第七种：觉心不生，属于我空观和法空观的层次。在中观里的这种层次再向深层面发展，就是如来藏的思想。因为，在当时中国的中观论学者，只能在教义上进行讨论，没有系统的修行方法和他们的理论相应。这时，慧能的一句话“仁者心动”为他们原有的佛教思想，注入了如来藏的思想。所以打动这些出家法师的，不是禅宗的惊人之语，而是慧能给当时的他们带来了盼望已久的真心学说，即如来藏思想——在那些人看来，超越了当时唯识和中观学派的所有理论。因此，大家马上把慧能大师请到上座开示，为什么说是仁者心动。

六祖慧能讲的“心”不是简单的意识，他要讲的是如来藏，是自性清净心。但自性清净心为什么又会让幡动了呢？它不是清净的吗？谈到清净的概念，就又涉及到佛教的另一部论著《大乘起信论》。我们知道如来藏或者阿赖耶识，都有一个是染是净的问题在争论，而且在《大乘起信论》译出之前，都已经争论了几百年没有结果。最后在《大乘起信论》的思想下这个问题得以了解决。因为论中融合了自性清净，如来藏清净以及阿赖耶清不清净的概念，把真心学说与阿赖耶学说相结合了。这是佛教大乘理论思想的又一次飞跃。在《大乘起信论》中，有自己的一套对心的构架模式。这套构架模式与道大师所讲的心的判教思想不太一样。《大乘起信论》是一种融合的判教形式，它讲的“心”是自性清净心，并把自性清净心分成两个门：一个真如门，一个生灭门。真如门就是自性清净，本身就是圆满的，不需要再修什么。生灭门是讲众生的心也是清净的，但众生的心走入了生灭门。因此，《大乘起信论》把如来藏——这个真如之心分成了体、相、用三个部分。体就是一切法，即真如——每个人的心都是平等，不增不减。相是讲如来藏具足了无量功德，不用众生再去积累。用是讲能生一切世间出世间的善因果，这又是一种比较特殊的新模式。也就是说，《大乘起信论》将阿赖耶思想和真心、本体心的思想圆融在一个体系中，形成了“心”的一个新概念。

道大师是把禅宗划分到顿教真心里，它划分的主要依据是按照《楞伽经》。达摩祖师当年对禅宗的明心有嘱托，禅宗是否是明心了，是要用四部《楞伽经》来印证的。但是，当禅宗传到四祖的时候，由于受到当时众生根基的影响，及时代所流行的佛教理论影响，四祖把文殊菩萨的般若内容也增加到禅宗里面了，从而使《楞伽经》的顿教真心又向偏空方面走了一步。禅宗四祖增加的经典是《佛说般若三昧经》、《念佛三昧经》。到了禅宗五祖就又向般若空靠近了一步，增加了《金刚经》。六祖慧能是听到“应无所住而生其心”而开悟修佛的，所以，到六祖慧能就干脆也不用《楞伽经》印心了，致使禅宗达到了不立文字的状态。这与达摩所讲《楞伽经》印心还是有一定的区别。之后没有经典依据的禅宗，在流传过程中，这些概念的变化就非常复杂了。因此，我们看到现在禅宗关于心的概念是很繁杂的。修心，关于心的阐述是极其复杂的。慧能听到“应无所住而生其心”，基本上他就达到了开悟的状态。在《六祖坛经》中，他讲的开篇就是：何期自性，本自清净。何期自性，本不生灭。何期自性，本自具足。何期自性，本不动摇。何期自性，能生万法。实际上，《六祖坛经》中自性清净心与应无所住而生其心的心，根本是心的概念中的两种不同的心。

应无所住而生其心的心是指哪个“心”？应该是指我们的意识、念头。因为这是在回答《金刚经》中的一个问题，我们的烦恼相续不断，如何降伏其心，这个心就是什么？我们的意识像匹野马乱跑，我们如何降伏其心？释迦牟尼佛说的应无所住而生其心，这个心就是指我们的意识心，而不是指末那识，也不是自性心。但慧能所说的何期自性，本自清净，这个自性就是指自性清净心。何期自性，本自清净；何期自性，本不生灭；何期自性，本自具足。这就是六祖对心的理解。因此，根据对心的概念划分，发现《六祖坛经》中“何期自性”的自性清净心，与《金刚经》中所讲的应无所住而生其心的心，分别指不同的两种“心”。

我们经常听到一句话：平常心即道。首先平常心中的心就是指我们能来能去的意识。平常心即道用禅宗的概念来解释是什么？难道平常心就是真如心吗？如果是真如心的话，那我们为什么还要修行呢？显然“平常心即道”这句话，并非我们想象的那样简单。这里指的心到底是没有受染污的心，还是受染污的心，还是如何？可谓是仁者见仁，智者见智。因为每个人对心的理解都是不一样的，这也正是禅宗的高明之处，让你自己去悟，但同时也是禅宗的误人之处，耽误了很多人。我们用自己的平常心，能让幡动吗？理论上是不能的。但是慧能大师说：是仁者心动。如果这样，你的平常心动，为什么你的桌子不动，笔不动！要记住，当你对心的概念理解有所偏离时，或者受到一些儒家思想影响的时候，一定要区分出这些思想与传统佛教之间的界限。所以，对于“心”的概念，学佛之人一定要理解清楚，划分透彻。实际上，有时候我们修行出现的混乱，是在于没有很好地把握“心”的概念，而错把圣人所说的平常心，理解成我们自己的念头了。

在佛法讨论中，我们经常会讲：万法出于本心，心外无法。这两个心是指什么心？正确的理解是指本体的真如心。如果你将它们理解成你的末那识，或者你的意识，那就错了。许多学佛的人会讲凡事不向心外求，因为他们将“心”理解成一种思想意识，片面地认为只有在精神领域上学佛，才是学佛；在物质上如果有所追求就不是学佛。这种错误的想法来源于对“万法出于本心，心外无法”的根本性理解错误。如果把本心，理解成精神或者意识，你会认为打坐、观想才是修行，布施、持戒是心外求法，那就大错特错了。真如不是精神，它超越了精神和物质，它是宇宙的、人类的、一切万物、一切所有的整体性。它是原原本本的，如如实实。因此，我们在读佛学经典的时候，一定要对心有一个真正的认识，才能给任何一种“心”相应的定位。

在禅宗的公案中，“心”用的比较多，而参禅的人要破的也是这个心。如“即心即佛”这个心是指哪个心？这个心的概念，就不能给它下一个定义，因为仁者见仁智者见智。而禅宗大师最想通过你对这个心的理解的不同层面，来观察你悟性的钝利。禅宗的方法就是不讲而讲，没有办法真正地给心下一个定义，这也是一种不立文字。因为有些“心”是没有办法从字面来解释的，它是对应不同人的层次，而作为一个试探性的话语或话头。如果不理解其中原委而照此修行，那就会出现偏差甚至错误。禅宗法师是根据弟子具体的根性，用这种办法让其自己去悟出心的认识，最后达到明心见性。明心的“心”，可不是模模糊糊的，要明哪个心？对于禅宗来讲，要明的心就是顿教一心。什么叫顿教一心？认真阅读《显密圆通成佛心要集》，将对顿教一心有全面系统的把握，也就从理论上知道到底什么是明心。

同时，我们也要好好阅读太虚法师对禅宗阶段分化以及禅宗本身思想的变化——即禅宗是如何从《楞伽经》的思想转向般若思想，最后转向空的。如此一来，有助于我们理解了知禅宗公案中“心”在不同阶段的概念。

介于对心的概念的不同理解，使禅宗的修行方法分出了很多派别。比如荷泽宗认为心就是知，知是心之用，这是最重要的修行方法。其对于明心、心体在认识上产生的差别，而使整体的修行方法发生了变化。我们需要好好学习弘法大师的《十住心论》和《显密圆通成佛心要集》的前面部分，认真理解我们要修什么心？什么叫修心？一定要把这个基本的佛学问题理清楚，这样才能知道自己到底在修什么。佛学经典中，十句话中常常有八句话在讲“心”，但每个心的概念是不一样的。只有把“心”的概念理清，对其有了准确的定位，在阅读佛陀讲述的经典时，才能知道佛陀想表达的真正意思，而不是依靠我们自己的揣摩。

实际上，经典中已经讲得很清楚明白，就是告诉我们修行的方法，不需要自己去悟，最重要的是我们有没有正确地去理解佛陀的讲述。我们读经获得了佛陀智慧，用来改正自己的错误。这个错误的改正，重要的就是要把心的概念分得很详细，让其像一张清楚的地图或者一部字典一样，指导帮助我们在修行的路上，不至于走回头路，走冤枉路，甚至迷路，而这本身就是一个明心的过程。如果修行者本人对心的概念都一知半解，连修得什么心都不知道，又如何来下功夫呢？如果我们对心的概念按照王颂老师、弘法法师以及《显密圆通成佛心要集》这三个层次的框架进行学习，相信大家对“心”的概念—— 这一佛教基础问题，能有一个宏观详细的了解，也将不会再被其他人的错误思想所影响了。

首先，弘法大师的《十住心论》，是从菩提心这一角度由浅入深地对心进行了论述。

其次，道大师著述的《显密圆通成佛心要集》是关于心的判教思想，他平面化地将各种修法都放在一张桌子上，然后用心将其进行分隔、划分，进而将真如心分为：终教一心、顿教一心、圆教一心，按照道大师的划分，我们知道应如何来认识心。

北京大学社会宗教系的王颂教授，从佛教、佛学的发展角度，对心进行了论证。从最初的心与婆罗门教的这种继承关系，以及沙门思想的影响，把心分成五种。并详细讲述了每种心的发展历史，心与心之间的关系，以及这种心的概念对我们修行的影响，全面地从佛教史的角度，对心进行了论证。

如果我们能真正静下心来，认真地把这三篇文章学好，我们学佛将可以节省十年，乃至十世的时间。只有这样，我们才能不被一些假的、错误的概念或者理论所误导，真正对自己的修行有一个准确的定位，也不会耗费不必要的精力与时间，与别人去争论一些没有用的话题，因为，大部分人其实是生活在偷换概念的快乐之中，特别是满口诗文禅话连篇的一些人。

我想，大家只要能够真正意识到“心”对学佛的重要性，虽然可能开始的学习会让我们觉得有些头大，头痛，那是因为其中涉及到太多以往我们不知道的佛教概念和理论。但是，相信功夫不负有心人。只要通过半个月、一个月，甚至半年、一年坚持不懈的学习和努力，把“心”的概念学习清楚明白了，在今后的学佛之路上，将会受益无穷。

问答录

问：阿赖耶识与如来藏有什么本质的区别？

师：这个问题，已经讨论了一千多年了。在这里，我用上述讲解的心的层次，为大家讲一下两者的区别。你可以把阿赖耶识看成一个个体的藏识，而如来藏，不是个体的，它是对宇宙人生，整体的认识，有个本体。如来藏是非来非去的，它是清净的。而阿赖耶识并不清净，因为我们善的种子，恶的种子，都在里面，可以将其看成是一个个体对心性的理解，就叫阿赖耶。也可以认为阿赖耶是放在如来藏里面的。所以，它们本质的区别是如来藏是我们要修行的，是我们能成佛的最根本的基础。阿赖耶可以看成是抽象的心，而如来藏，它已经从一个对精神现象的分析，上升到本体论了。

问：如来藏可以理解为能量吗？

师：能量的概念，如果用在形容如来藏，只是表达了它一个非常片面的内容。所以不能理解为能量，它可以理解成很多东西，如种子等。但如果用能量来理解，那是太浅显了。如来藏是包含能量的。如果想了解如来藏，可以多读一些如《楞伽经》之类这方面的经典。

问：八识，即眼、耳、鼻、舌、身、意、末那识、阿赖耶识的认识体系及十住心的关系，以及与道大师的判教思想的关系，应该如何次第修行？

师：眼、耳、鼻、舌、身、意、末那识、阿赖耶识，是唯识宗的认识体系。天台宗是以相、心、性三大体系来认识心。《十住心论》更重视在修行过程中菩提心的增长，对心的认识体系。道大师的判教思想，是建立于我们如何树立修行目标、目的，就是你要修心，你修的什么心，你对心的认识。至于如何次第学习？主要看你个人的学习目的和具体修行法门。如果你想修转识成净，你想把所有认为自己不净的习气，全部清净的话，你就要学八识，学法相宗。如果你现在是真言行者，就应该把修学重点放在《十住心论》和道大师的判教思想上。这里没有一个次第关系，它们是三个不同的并列体系。你的理论学习，要跟你的修法是相应的。中观有中观的应用体系，真心判教有真心修行的体系，它们是不同的体系。

太虚法师判法相唯识宗，叫有为唯识宗，还有法性空慧宗，法界圆觉宗。如果你修法相唯识宗的法，那你当然要学八识的理论了。如果你修法界圆觉宗，即无为真如宗，就应该多学一学道大师的判教思想和《十住心论》了。印顺的判教思想也分性空唯名，虚妄唯识，真常唯心。不同的判教方法与修行方法，也决定你到底是学八识的体系，还是《十住心论》的体系。其实八识的体系，更有利益于详细的分别世间万象，这些现象更类似于佛教的心理学。而《十住心论》是一种修行的指南。道大师的判教思想，是对修行目标的一个清醒的认识。对于更偏重实修者来讲，应该重视道大师的判教思想。如果更重视宗派之间的区别，就多看看《十住心论》。如果你喜欢逻辑分析，就你多看看八识思想。根基不一样，选择也不一样，这里没有次第关系，因为它们是属于不同的修学体系。

第八章
新年心论

心猿意马

新的一年来临，我们来讨论心的问题。愿我们在新年中，能明心见性，开悟本心的妙用。

说到心，我们常用“心猿意马”来比喻时常变易的心，这是很生动的。我们的心就像一只猴子，总是静不下来，燥动不安。这里所说的心，和佛教所说的三界唯心、万法唯心的“心”是什么关系呢？

在唯物课中，我们知道最著名的禅宗六祖“风动、幡动、心动”的故事，我们错解其中道理的主要原因，是不明了六祖所讲之心，与马克思所说的意识根本就不是一个概念。同样，认清佛教所说的“真心”与我们平常所说的“心”，对于我们学佛的人来讲是非常重要的。

真心——法界的本来面目。

平常心——意识，八识中的一个部分，意念，分别心。

第一节　什么是真心

对一般人来讲，对佛教中心的概念，都不可能一开始就彻底明了。因为这是一个不断闻、思、修行的过程，我们所修的真心到底是什么？所说的悟后起修，“悟”的到底是什么？

在《显密圆通成佛心要集》中，道大师进行了循进式的开示，并次第地阐述了各经典对心的认识程度、目的，用否定之否定的辩证法对法界真心循循开示，可谓读经明心的纲要。每个人可以根据自身的情况，按《心要集》的顺序，深入各经如《楞严经》、《圆觉经》、《华严经》等仔细学研其深意。

第二节　修者之悟

我们常常妄认四大为身，识蕴为心。其实我们的真如之心，也就是我们真正要认知的心，是非常大的。父母所生之身和真心相比，真可谓一舟遥碧海，如海一浮尘。只可惜众生百川大海不认，只认了一浮尘。山河大地亦包括在我们的真心之内，山河大地与真心相比，又如片云点太清，可谓真心圆满无边际。

当我们认识到这点之后，还要进一步对其体性加以认识，就像否定之否定的方法论。我们的真心本自圆满，中不容他。前说心中有山河大地，其实山河大地只是幻有本无。真如之心本清本明本自圆成，如无边无际之一光珠。所说山河大地不过光中之影，似水中之冰，冰本是水，冰外亦水。山河大地又如同水中之光柱，柱亦是水，柱外亦是水，此柱本无，影像而已。

换句话说，众生所见之山河大地只是真如本心的一个片面，宇宙全频的一个频断而已。能见之我执似一个电视频道，所见之外物只不过是同频道的信息。殊不知尽虚空遍法界，处处是全频道的全息的真心，如镜镜互照，遍法界所有一切尘尽是完整的一心，其包含三世间四法界，而其中三世间四法界之一一尘中亦包含三世间四法界。举体全心，举心全体，滴水是海，性性相同，无时空即是全时空，无能所即一合相。如勉强分为二者，其体性即普贤王如来佛母，其觉体即普贤王如来内自证之智，这本是一体的双面。而且，建立在此认知基础上的普贤行愿及普贤观境不可思议，建立在此基础上的普贤王如来法门，更可谓清净不二，举体全真。

读佛经如读其他书籍一样，也有三种境界，一是从少到多；二为由多到少；三为由少到多。何意呢？刚开始看经时，要用很多话很多论述来理解经中开示。一部经看下来，可谓由少到多。二是读经到一定阶段，领悟其中核心精华后，就可以纲举目张，悟其精髓，几个偈子，几句话，经的核心就了然于心。《心要集》对真心的开示，非常精辟。这个阶段以经为径，自修足矣。但如果想给别人讲经，必须要上升到三：就是要由少到多，把经义展开，不仅要触类旁通，以经解经，以论佑讲；还要深入浅出，联系时代、实际等等。可见《心要集》对各经典中对心的诠释没有展开来讲。还好，我在看《心要集》之前，对《楞伽经》、《楞严经》、《华严经》、《圆觉经》都有涉及，所以对《心要集》中言简意赅的准确概括非常钦佩，这也使我对准提咒的重视程度又进了一步。

那平常人所说的心是什么意思呢？通常所说的心，是指思念之心，想念之心，是意识和思想，在佛法中是指八识中的第六识——意识。人的意识也能是善的、恶的、不善不恶的，可以想现在、过去、未来，也可以超越时空；它的状态用猿猴来比喻很为恰当。因为意识恒常生起，变动不定，变易得最快。意识本身能造业，同时能牵动身、口诸根造业，想让自己的思想停下来是很不容易的。

意识还可以简分二种：一是现识，当下的真实展现；二是被所执染污的妄想妄识。换句话说就是：一是对客观事物的真实反映；二是对客观事物带有个体有色眼镜的非客观展现。理论上来讲，我们看到一个苹果，当下的反映是真识，之后才有它的酸甜，是他人的还是我的等意识夹杂。实际上，这样染污是同时的，除非经过特别的修炼。

如果六识意识上转识成智，则七识末那识的我执转，我执转后，前五识也不会造恶业。就像孙悟空皈依了观世音，原来大闹天宫的本领，都用来保护唐僧师父去取经了。真可谓"达摩西来无一字，全凭心意用功夫"。这个心就是我们的意识。

第三节　真心与意识的关系

真心的认识为人们明确了方向，真心之中包含了意识。对凡夫来讲，我们的真心之所以不能展现，是因为被我们的意识妄想给污染了。所以从意识入手，清净意识，达到真心的开发，就是修行的主要入手点。

如佛所说"妄想识灭，名为涅槃"（不是灭意识，而是灭意识的妄想执着）。真心的展现是从凡心入手的，就是意识的分别、攀缘、妄想被灭除了，即为涅槃。因为意识是全体八识（八识即为真心的另一种显现）中其他七识的染污源。如因灭了，则自然无果、无生、无灭的真心展现，入现识之流得涅槃之果。所谓的意识心，是由前五识眼、耳、鼻、舌、身分别对境，同时加上自己的分别才产生的（所谓见色生心）。意识形成后，再受种种境界熏习，增长如来藏识的种子，再把藏识的一部分执着为"我"、"我所"，七识就形成。反之，七识以我执之心，使意识对外境分别妄想，给予染污，驱使前五识——眼耳鼻舌身，再造业果入藏识中。总而言之，意识连带其他七种识，互相辗转，互为因果。所以，如意识的幻妄灭了，其余七种识也同时灭了。

在佛经中有许多这方面的比喻：意识对于前五识，正如画师教学画的弟子们，内外的境界犹如画画的色彩。又比喻：心意为导演，五识为演员，一起来演出身心种种现象，反过来又来自己观看自己的演出，欣赏自己，悲叹自己，像真的一样。

应当如何修心灭除意识的妄想分别呢？大乘的方法有两种：

一为以妄去妄，用念佛观佛念净土的方法净化妄念，即演一场佛菩萨的戏剧，最后一集来个大结局。通过止观的修习提高自己对意识的驾驭能力，并看清其无自性的真面目，断除二元分别的习气作用，从而渐入人法无我。

二是如《圆觉经》上所讲“但诸菩萨及末世众生，居一切时不起妄念，于诸妄心亦不息灭，住妄想境不加了知，于无了知不辨真实，”可谓“念起即觉，觉之即无，修行妙方，唯在于此。”何时是当下的现在，何时又不是当下的现在呢？《圆觉经》上称之为如来随顺觉，觉者佛也。

凡人和圣人的意识，不同于有无分别染污。对于凡人所见不真，有我执所染，意识的形态更多的是妄想。密乘去除意识心的污染，有许多独到之处。既然五识六识同时起现，六识的现识与污染同时起现，说明五识与六识有不可分的一面，从五识的眼识入手，即从身色入手来转六识，派生出有如普贤观、净行品等净观方法。这并不是观想的问题，而是认为是一种真识，真的一面是这样的。如有机会大家可深入《显密圆通成佛心要集》，了解佛果密法的如来真宗。

3 依别融透超夺

第九章
从中国佛教净宗发展返观准提宗的发展思路

前言

从中国净土宗的发展角度，来思考准提宗发展要经历的几个阶段，从中得出的理论与方法，并浓缩为个人修行阶段的指导，为度化众生提供一个很好的阶段判别思路。

学院这里借鉴了太虚法师对于禅宗和净土宗的发展思路和阶段划分的方法。此方法极为合理，在以净土宗理论的发展为主线的基础上，更多的思考净土宗与其他宗派的关系，而依、别、透、超、夺的教派关系，正是宗派发展和宗派融争的宗教社会学产物。同时也揭示了中国佛教宗派发展的客观规律。从个体而言，这种教派发展的划分思路，也是指导如何从入门的契机引导进入契理至真的方法，由兴趣的广杂到一门深入的自修教修的明镜。

这里对于太虚法师评述净土宗的发展阶段给予概括：天台教观盛于陈、隋；贤首教观盛于唐初，宋、元后，禅、台、贤俱衰，余流汇归净土。净土宗的发展是在与禅宗的发展互动中，逐渐成为中国佛教的主流，净土宗的发展阶段其过程细分为六段：

一、“依”教律修禅之净（依教修行）

二、宗派的雏形：“别”禅之净（差别立宗）

三、透禅融教律之净（民主阵线的理论融合包容发展期）

四、依师立宗的“超”净

五、“夺”禅超教律之净

六、别部密净

第一节 “依”教律修禅之净（依经教修行）

念佛就是修禅，故有所谓念佛禅。最早的禅修是安般禅和五门禅，而念佛禅的兴起，相对前两者要稍微迟一点。依教修禅中的念佛禅，是净土宗的根源，这是无可怀疑的。也是现在讲的“依”教律修禅之净。

依教律修禅之净，即远公所谓“功高易进，念佛为先”者是。盖当时以念佛观为诸禅观中之最高者，所以，念佛即是修习最上禅观。修持者都精依教义，严遵戒律，如慧远法师至死不饮蜜浆等。与后来脱离教义戒律之达摩禅不同，因此为“依教律”。又既以念佛为最高之禅观，故不同于后人以修禅为难行道，别重持名念佛的净土为易行道，故说是“修禅之净”。

“以念佛观为诸禅观中之最高者，所以，念佛即是修习最上禅观。”这是本节的重点，也是净土宗最早的发展——依照经典而修念佛观，没有自己的判教思想。代表人物：慧远法师。

第二节　宗派的雏形："别"禅之净（差别立宗）

从不立文字、不拘律仪、专以无相无名悟心为要的达摩禅风行以后，禅者便不重视教义与律仪，此时的净土行，已与慧远法师有所不同。此期所修净土，则别异于禅。不但力斥禅宗之禅，即其余依教律所修诸禅观，亦皆简别为仗自力的难行道，而独以净土法门为依他力的易行道。总之，此尊教律别禅之净之“别禅”，不仅反对达摩禅，而又示别于其余诸禅定。净土法门形成自己的难行道和易行道的简单判教思路了。

关于这一类净土法门流传下来的著作，以昙鸾法师的《略论安乐净土义》为最早。论明西方净土非三界摄，净土二十七种庄严，九品往生，解释“胎生”疑义及十念往生等，皆系依三经一论而立义者。若就时间上讲，善导为早（日本以昙鸾、道绰、善导、怀感、少康为支那五祖），是唐高宗时人。故中国以善导为二祖，继有三祖承远，四祖法照，五祖少康，皆以感应神异著称于世。

第三节　透禅融教律之净（理论融合包容发展期）

净宗发展的第一期是修禅即是念佛观，谈不上宗派发展。第二期别禅修净，才是净土宗的原始教义。唯此，第三期方可是净土宗的泛滥时代。

一方面，净土宗要扩大发展，就要融合、包容所处时代最流行之宗派思想，而形成了念佛禅的禅净双修；另一方面，其他宗派的大德发现净土的殊胜，而又不想放弃自己宗派的地位和发展，不得不吸收净土思想，形成所谓的台净、贤净。所以，更多的是各个发展时期的大德，用净土法门包容其他的法门，而不是一味的排斥。

五代后，中国的佛学是以禅宗为中心和重点，此时的净土行，必须是透过宗门禅，而融摄教律的净土行。儒教文化中，人们喜欢禅宗的洒脱，若不包含禅宗则度化众生的范围将会受到很大的影响。但在生死问题上，还是要依靠净土宗。因此，此期的净土宗与前期斥禅修净者不同，此期的净土宗不但透禅，而且还要融摄一切教律。

此期修净土行的祖师，均为透宗门禅而又能融通教律者。关于透禅不透禅之别，这里引一段文即可知道。莲池竹窗二笔云："道镜、善导二师念佛镜，以念佛对种种法门，皆断云百千万亿不及，可谓笃信明辩！独对禅宗，亦谓观心观无生者千万不能及，学人疑焉。予以为此正四料简所谓有禅无净土者，但执观心不信有极乐净土，但执无生不信有净土往生，则未达即心即土，不知生即无生，偏空之见，非圆顿之禅也。反不如理性虽未大明，而念佛已成三昧者，何足怪乎！若观心而妙证自心，观无生而得无生忍，此已与念佛人上品上生者同科，又谁轩轾之有也？"善导为未透禅而修净土，莲池之为透禅而修净土，其意昭然可见。盖莲池说明禅之最高境界，即与念佛上品上生同，已摄禅同净，更不烦排禅矣。此期兹分三段明之：

一、禅宗之净

净土宗远奉慧远法师为初祖，而透禅修净期亦必尊永明寿禅师为开始者。为净宗奉作准绳者，有四料简偈，如云：“有禅无净土，十人九蹉跎，阴境忽现前，瞥尔随他堕。无禅有净土，万修万人去，但得见弥陀，何愁不开悟？有禅有净土，犹如戴角虎，现世为人师，将来作佛祖。无禅无净土，铁床并铜柱，万劫与千生，没个人依怙”。 在永明寿以前，中国佛教的禅宗，以演进到五家宗派的兴起为顶点，法眼为五家中最后创立之宗派。而永明寿为法眼第三传，亦即法眼宗最后一人。因为，从他透禅融教律而摄归于修净土行，其门徒都归宗净土，法眼宗遂衰没。

二、台教之净

谈到台教之净，应该仰追到八祖智者大师所作的《净土十疑论》和《观经疏》，因为这是台教修净的最大根据。然而，这还是介于修禅别禅之净之中间者。而透禅以后的台教之净，应该首推被尊为莲宗七祖的昭庆省常大师，因为他是先修天台止观，后来才专修净土宗。大概在宋淳化中，他在杭州昭庆寺仿庐山莲社而创立净行社，当时加入他净行社的，有比丘千余人，公卿士大夫百二十人。这些公卿士大夫，都是一时的显贵，如为首的王文正公旦，是做过宰相的。另有一位写文章很出名的苏易简翰林，为作净行社序云：“当布发以承其足，剜身以请其法。”可想省常大师是怎样的受人倾信了。他领众念佛，精勤不懈，数十年如一日。到六十二岁时，厉声谓佛来了，随之而化。建塔于乌巢禅之侧，被封为圆净法师。

三、贤教之净

贤首宗唐季衰歇，宋时虽复兴不盛。古传有圆澄法师著《华严念佛三昧无尽灯》，宋范成大居士尝为之序行，其书已佚。故由贤教修净土，须至云栖莲池袾宏，莲池《弥陀疏钞》，即专奉《华严疏钞》为家法。莲池重律，后宝华律宗亦近贤净。师固曾参禅悟入，然未据禅席，但专修念佛。云栖法汇百余卷，皆教宗贤首行专净土而融通禅律及各家教义之至文。净土宗风之昌盛得力于师，亦为净土宗上下千古最圆纯之一人。念佛七礼祖，至今亦多仅礼至八祖云栖者，对师从无间然。《净土发愿文》及注、《四十八愿问答》、《净土疑辨》，尤为切要。

上将透禅融教律的禅宗之净、台教之净、贤教之净，均已略明其概要。然此三系亦非可划然分界，以均透禅而兼明台贤教律。按照这种方法划分净宗祖师：

禅净，净宗六祖永明，十二彻悟两祖师；

台净，七祖圆照，九祖蕅益，十祖普仁，十一省庵四祖师；

贤净，第八莲池一祖师。

第四节　依师立宗的“超”净

因后人并不了解，各个祖师的净宗思想差别，是来自于净土宗的方便应时，透禅时期的祖师思想是与当时的时代相融合。因此，在净土宗的透禅融教发展后期，净宗各个祖师的思想出现不同是可以理解的。内部派别的纷争主要原因是其后人，各依各宗的祖师的疏论，而轻视依佛经典的教导。这时的特点是各宗认为自宗是最为当机的修法，但他们也并不排斥其他宗派，与下面的夺禅之事不同，这是净宗发展的过渡阶段，可把其单独立出来是有必要。因为，这时净宗所依据的，更多的是祖师的疏论。需要阐明一点，“别”净时期的祖师并没有受到其他宗派的影响，而是更加凸现净宗的真实佛意。因此，善导大师所倡导传播的净宗终于开始成为净土宗的主流。

善导为净土宗之光大者，为中国最推崇之祖师，在日本亦以其为净土宗之主要人物。据僧传所记，善师见绰师的净土九品道场，喜云："修余行业，迂僻难成，唯此法门，速超生死！"遂勤笃精修，昼夜礼诵。后至京师（即西安），激发四众，恒长跪朗诵佛名，非力竭不休。不念佛时，即为人宣扬净土法义。他教人专持佛名，不须作观。他认为"众生障重，境细心粗，识飏神飞，观难成就。是以大圣直劝专称名号，正由称名易故，相续即生。若能念念相续毕命为期者，十即十生，百即百生！"后来专持名号之念佛法门，即奠基于此。他又教人临命终时相助念佛往生法，叮咛恳切。故善导大师实为中国净土宗风范之确立者。所著《念佛镜》，为宋杨杰及明莲池等所推重，以于净土教义，确有精要之发挥！

善导大师的著作除《念佛镜》外，还有《观无量寿佛经四帖疏》、《观念阿弥陀佛相好功德法门》等，皆是讲观想念佛的修法。可知他亦兼观想，不过提倡时偏重持名罢了。

从昙鸾法师以后，即有净土三经一论疏，道绰、善导等承之，遂为净宗之根本教典。而日本净土宗、真宗等大学，莫不尊为净土宗学。尤其是善导大师《四帖疏》等著述之于净土，犹智者著述之于天台。

第五节 “夺”禅超教律之净

显然，随着佛教末法时期其他宗派的衰落，净土宗承袭其超教律且倚透禅之势而成夺禅之势，开始提出一门深入，反对掺杂，公开提出其他法门的修法不合根器。此为“夺”净。

一、源头

善导承道绰，高唱一切佛法皆自力难行，唯净土他力易行。并于释众疑惑门，对三阶、对弥勒、对坐禅、对讲经、对持戒、对六度，云念佛胜其百千万亿；又排杂修，以持名记数为专修，已开厥端。《径中径又径》载宋丞相郑清之曰：“人皆谓修净土不及禅教律，吾则谓修禅教律法门莫及修净土……以禅教律假设方便，使从门而入，俱得超悟；唯无量寿佛独出一门，曰修净土。如单方治病，简要直截，一念之专，不问缁白皆可奉行。但知为化愚俗浅近之说，其实则成佛至捷之径……不由禅教律而得戒定慧者，其唯净土之一门乎？……不施棒喝而悟圆顿机，不阅大藏而得正法眼，不持四威仪而得大自在……当是时也，孰为戒定慧？孰为禅教律？我心佛心一无差别，此修净土极致也。”

优昙、妙叶、天如、莲池、蕅益、行策、彻悟等，亦时有此类提倡。彻悟曰：“净土一门，最初不待悟门，末后不待发慧，不须忏业！一句弥陀不杂异缘，十念成功，顿超多劫，于此不修，真同木石！舍此别修，非狂即痴！”语更激切。然以上诸德，不过教学者决疑定信，非必令尽废其余也。

二、夺斥

蕅益学人成时坚密法师，于十要序，出持名三大要：

一者、六字洪名，念念之间欣厌具足，如出狱囚奔托王家，步步之间欣厌具足。是故万缘之唾不食，众苦之愁莫回。高置身于莲华，便订盟于芬利。蛆蝇粪壤，可煞惊惭！

二者、参禅不可无净土，为防退堕，宁不寒心！净土不可入禅机，意见稍乘，二门俱破。若夫余宗，在昔之时不必改行，但加善巧回向。在今之世，只可助行，必须净业专修。冷暖自知，何容强诤！

三者、一句弥陀，非大彻不能全提，而最愚亦无欠少，倘有些分别，便成大法魔殃。只贵一心受持，宁羡依稀解悟！依此自行化他：一、废万行。二、废参禅。三、废学解矣。

沈善登学问通博，提倡出声记数。每日定数，开口散念，终身不改，即是信深愿切。集《报恩论》二卷，其集中附有“念佛四大要诀”：谓念佛有贪静境、参是谁、离妄想、求一心四病。谓静境是四禅八定：“称名为动，坐禅为静，舍动取静，堕坑落阱”。参谁是即为骑驴觅驴，偈曰：“念佛为直，参谁是曲，舍直取曲，瞎人天目。”妄想不须断，只须散念有恒，偈曰：“带惑超横，断妄出竖，舍横取竖，弥陀叫苦。”不求一心不乱，只是出声散念佛名无间无休，偈曰：“散念为易，一心为难，舍易取难，过头狂谈。”依此则：一、不可修定，二、不可参禅，三、不可伏断妄想，四、不可摄散归一。于深信切愿下，但长时记数持名，并特重晨朝十念云云。

三、行法

综上源因而充盈成熟为硕果，则成莲宗十三代灵岩印光祖师之净土宗。印光祖师本习儒书，且尝辟佛，后皈佛出家，博通教义，兼达宗门，诚为一大通家也。本身虽是一大通家，然却教人不学通家。但他对人说法，亦应变而不锢。就其对一般人之倡导“力敦伦常，精修净业”之八字，已尽范围。其《净土决疑论》云：“药无贵贱，愈病者良，法无优劣，契机者妙。在昔之时，人根殊胜，知识如林，随修一法，皆可证道；即今之世，人根陋劣，知识希少，若舍净土，则莫由解脱。”

核其关隘，在“今世人根陋劣”一言，不然，何以以一大通家而专切如是耶？然限以今世当机，则除净土，余皆可废。而于世善，复崇儒术，则佛之律仪戒善亦不须弘，而佛法仅倡真信切愿念阿弥陀佛。又恒常力阻男女出家，虽有鉴僧弊，消极止滥；但须信愿念佛，带业往生，更不须增上戒定慧。故充其类而一转，大可成为在家净土行之日本真宗。（有别于出家人的日本真宗）

承印师之化，而确信弥陀净土，切愿命终往生，定课每日念佛（或仅十念）之士女，虽惑业炽然，在临终有往生证验者，屡见不鲜。然愿为无行之空愿，行仅称名之散念，获证验者又多属在家士女，则依印师所言能起确信，实全恃信赖弥陀他力。

第六节　别部密净

日本之净土宗，传自中国之善导系。其后分流出之时宗、融通念佛宗，皆不越中国台贤之净。然从净土宗演出之真宗，则迴然大异。日本本愿寺所谓“只信他力”之真宗，按照太虚法师的观点，已经不是单一的净宗，而是果乘密宗的净宗，可以称其是密净。真宗教义以解行证信为次第，信立则心身已全倚弥陀、安住极乐，更不须愿行矣。故彼宗纯在乎信，愿则属于弥陀本愿，以信任之他力，非在人边，往生不在命终，而在信决心安之刹那。此刹那信心常续，即为已生净土。行则乃已生净土，而再应化于人间之所行，只随人群所宜，以学以教而已。在儒化中可习行儒学，在今科学哲学艺术化中，亦可习行科哲文艺学术，故日本僧徒皆在家化。其佛教大学于宗学教学之外，又能博综科哲文艺之学术者也。

然中国演变至印光大师夺禅超教律之净，入世则善遵儒行，而出世仅存信愿念佛，其空愿散念，只赖纯信，殊有进为“纯信弥陀他力”之真宗可能。期待往生的人多存厌离的消极心理而又不能出家，似乎有所偏失。这一点就没有直承善导教理果乘之日本真宗“信成已生，还化利他”的入世净行圆满。

综上所述，思路明了，脉络清晰。先是“依”经教修一法门。此法门与其他法门的区“别”；在传播与发展期，还是要“融”合当时流行的修行法门，也允许其他法门对于自己的包容；再发展就是按照祖师的思想，阐发本宗的“超出”其他宗派的思潮，甚至透过本法门的修行，可以带来修行其他法门一样的效果；最后发展为以本宗契机契时之“夺”——全面替代其他宗派，纯净自宗的唯一修法。这就是净土宗依、别、透、超、夺的发展阶段。

学习完净土宗发展理论，就可以把所有的准提法文章、理论和修法进行划分，分门别类为我所知所用。下面从修法的角度分析准提法的几个发展阶段：

依：经典中的准提咒

别：道大师《显密圆通成佛心要集》中的准提法

融：与其他宗派修法的包容

透超：回归道大师《显密圆通成佛心要集》思想

夺：重新判教并划分与禅宗的主要区别和界限

依 :经典中的准提咒

在北周宇文氏统治时期来华的闍那崛多，是最早将准提咒译成汉语的译师。他在所译《种种杂咒经》(《大正藏》第 21 册）中，即录有《七俱胝佛神咒》，即现代佛教徒耳熟能详的准提咒。此外，玄奘大师也曾译出准提咒，在他所译的《咒五首》(《大正藏》第 20 册）中，也收有名为《七俱胝佛咒》的准提咒。还有开元三大士所译的经轨是准提法的主要典据。

别 :道大师《显密圆通成佛心要集》中的准提法

道大师《心要集》中准提咒的三大特点：

准提真言总含一切真言：准提咒能包含所有咒，所有咒不能包含准提咒，如大海可纳百川，百川容不了大海。在密部中，虽有五部之不同，而准提神咒却是最灵最胜之咒，是诸佛之母，菩萨之命。包含三密，更总含五部。

准提坛法，非常容易成办：只要用一面未曾用过的新镜子，依法加持，便成坛场。不像其他咒语，要建办坛场，必须拣选净处，要香泥涂地，广造佛像，多用供具，才能成就。(不过，财力够的话，准提坛也可广造佛像，多办供具。然后安置镜坛，面对持诵更美妙。)

修准提法，不必拣择染净，都可持诵：不问是否在家或出家，饮酒食肉，有妻子等，依法持诵都可成就。不同其他咒语，一定要持戒，才能诵习。（尤其现在世俗人，大多结婚生子，常不免饮酒吃肉，既使有僧人教示佛法，习性仍难改变过来。如果不用这非常不可思议的咒法来救脱，这些人不知要什么时日才能出离生死苦海。如果能够持斋守戒清净，依法持诵那当然更好。所以就像《准提经》中所说那样：何况更能结斋具戒，依法持诵，不转空身，便往第四天得入神足。）

融：与其他宗派修法的包容

准提法的典据，主要是开元三大士所译的经轨，其中金刚智和不空的翻译已经有密法仪轨影响的痕迹。

准提咒收录于显宗的功课本上，成为显宗早课的十小咒之一。

袁了凡提倡念诵准提咒以及行善和禅修。

明代谢于教的《准提净业》即采取此等路线，而加上持诵净土系经咒，以导归西方净土。

明代夏道人所辑的《佛母准提焚修悉地忏悔玄文》，是以唱颂偈赞以导引入忏悔情境的“准提忏法”。

清代受登的《准提三昧行法》，则是依天台宗之修持方式为准提修持法所作的整理。

中国台湾南怀谨先生把准提法与藏传佛教的修法相结合，把藏传佛教的生圆次第加入准提法修行仪轨中。

藏传佛教的本尊法形式的准提法仪轨。

透超：回归道大师《显密圆通成佛心要集》思想

准提法网络佛学院提倡回归道大师《显密圆通成佛心要集》思想，对《显密圆通成佛心要集》思想详尽阐述，提出一合药圆密思想的重要性，以及准提圆咒的六大特点：

解行和合：依显教，须得依教生信，依信生解，依解起行，行成得果。今准提咒不令生解，但诵持之便得道果。

入世圆融：在对世间名利富贵追求中，圆满自己的法身慧命。因持诵准提咒，“所求之事尽得遂心，一切罪业亦得消灭，自然超凡入圣。”

易修易成：没有戒律的门槛。“准提不拣染净得持诵故，不问在家出家饮酒食肉有妻子等皆可持诵，不同余咒须要持戒方得诵习。”

无需传承：此法广传普传，依经依本念诵即可。佛母自然加持，修持人与佛母之间，不需要中间的司法传承者或灵媒。不同余宗只有依上师可学，而准提法人人可修，人人可传。

诸咒总持：“准提咒，总含一切诸真言故。一切真言，不能含准提，如大海能摄百川，百川不能摄大海。”修习准提一咒，所有咒的功德全部可得，如同如意宝，随心所欲。并可与其他任何一法同修而无障碍。

坛法易办：若求息灾息病、增财增慧、怀爱聚人、破除障碍而做坛法，但以一新镜未曾用者，便是坛法。

夺：重新判教并划分和禅宗的主要区别和界限

准提法网络佛学院根据《显密圆通成佛心要集》的思路展开一系列准提法判教理论。其中准提宗的三身判教理论，清楚地划分出准提法与禅宗的主要区别和界限。

学院适应时代与根基的理念，建设性地提出准提行者的人生观、十大理念、准提宗宗旨。其中夺中有透，在对待其他宗上与印光大师有所不同，准提法网络佛学院的思路是以准提法替代净土宗的儒教化。临终往生净土的思想是依据善导大师的理论，临终之前避免了印光大师净土修法的人间儒道化的缺憾。在居士修法和僧团修法的判别上，又能回避日本净土真宗的僧团世俗化的弊端，即为夺中有超。

准提理念的提出，是按照太虚大师的宗教发展思路，融入三大三小理论的实践，是对比于基督教新教的中国佛教之新教，理论上打破了印顺法师人生佛教的瓶颈，完成了中国佛教入世化的最后理论建设。此理论，不仅可以推动佛教的入世化，而且大力地推动了社会的经济发展，促进了社会和谐家庭和睦。

第七节　个体修行的指导意义

每个微尘都是一个小的世界，每个人的修行过程，其实也是宗派发展史的一个缩影，都有其客观的规律存在。因此，此理论在自我修法的判断和我们接引众生上也可以参考应用。

一、依：对于初次接触准提咒的人，可以先令其知道，准提咒是释迦牟尼佛所传的修法，在《大藏经》里有详细记载，从准提咒的源头上让人们明白此法的纯正性。这个阶段就是依教的阶段。

二、别：同时要指出准提法的方便之处，就是别于他法的特点和好处。

三、融、透：这个阶段比较复杂，可以分几个部分：

首先，我们普遍会遇到一个问题，就是很多人过去也修过其他的法门，或正在修其他的法门，这时就要有“ 融 ”的思想，即其他法加上准提法更好修；准提法是可以和其他任何法门一起修，甚至有些人把准提法和其他修法的理论混合在一起来修法。

其次，发展成为透：准提法是一合法，修准提法同时也具有其他法的功德，可主修准提法，次修其他法门，相比之前，思想层次又进了一步。

显然，这个阶段要时间长些，停留在这个阶段的人会最多，而从这个阶段入门的人也好像最多。修习佛法是个漫长的过程，人们往往喜欢多学多看，对所有新鲜的事情，都有个好奇和尝试的阶段，有个左右摇摆选择的过程，同时，也是对自我根基不断认识的过程，所以，要允许这个阶段的存在。

四、超：阐明道大师《 显密圆通成佛心要集 》中准提法的特色，以及准提理念对修法的重要性，并从准提宗派发展的角度学习准提法。

五、夺：一门深入，不必多说。这时，才能体会到准提法之四病单提的意义。

修行总是要有这个类似的过程，单单看经典有时会感到无趣。因此，便让自己东跑西颠地到处求法，庞杂得不得了，什么法都修，好像学得越多越好。继之把修行神秘化，去参访大师们，看他们的修行经历，求学各种“ 窍门 ”、“ 口诀 ”、“ 密意 ”、“ 秘诀 ”，修到最后才发现原来“ 一门深入 ”的应根器之法，才是最好的修法，最大的“ 窍门 ”和秘诀。

我们必须清楚地认识到，有些人这个过程还是要走的，能从这个圈子走出来的快慢，要看个人的福报和智慧。福报大的遇到准提法就不换法门了，很快就能明白其中的奥妙；无福无慧之人若是诚实地对待自己的根器，花费不了几年的时间就会明白自己的根器和末法时代的特点，也就能踏踏实实地一门深入了。

年轻时，我们常认为自己的根器高于别人，便多求即身成佛、顿悟成佛的大法；或者遍看经典成为语饼，却贡高我慢，随意批评他人、审视大德。

年老时，发现自己一无所成，又认为别人和自己的根器一样低下，反而痛斥年轻人内心浮躁，不能念佛一心。夺的过了头，一不小心还可能诽谤他宗。

每个时代有每个时代的思潮，每个人都有各自的根基。但个人的不同脱离不了时代。若是不听善知识的教诲，只靠自己的摸索，其学佛之事、出家之行常用悬崖撒手为其勇气之比喻。

对于准提法的发展，第三、四点尤其重要。我们知道，有些人在学准提法之前，可能是从某个法门修学过来的人，带着自己过去修行的见解是必然的。另一方面，教派的发展也受到时代思潮的影响，其目的也是为了接引更多的众生，因此，需要吸收包容一部分所处时代的思潮和流行的修法。无论对于其他教派还是个人，若“夺”太过，就会没有包容性，对自身发展不利。“融”太过，“夺”太轻，又会使法门失去本宗的特色。其火候的把握要保持中庸、轻重得当。

法门的发展要四门共入，每个人的因缘不同，入门也就不同。融、透、超、夺皆可以入门，有些人因其前世有因缘，积累了足够的资粮，可以一入门就采取超夺之一门深入的修法。“融”、“透”、“超”、“夺”，顺此发展是进，逆向则是修行的退亦是修行的停。

但谨记，自己发展到“夺”时，只可夺自己，对他人不强求，不然会走向另一个极端。

若是度化众生，有时对于“融透”门也可能要花费一定时间来学习，这是对发心传法的教授师要求的“学要圆融无碍，修在一门深入”，可谓由“夺”返“透”的倒驾慈航。

各位同修，若是好好修学准提法，悟彻准提理念，就是在推动中国佛教的发展，将是当下最大的法布施。中国佛教的国教化机遇正在于此。从历史上看，任何新宗派的建立都不可能一帆风顺，往往是考验多于顺境。

我有时也会因为遇到困境而彷徨。记得有一次，我也因困难想放弃对于准提法的发展推动，再去继续做生意。当天夜里，就梦到雍正皇帝来安慰劝导我要不改初心，并写给我六个字，在梦中，我并不知这几个字的含义，等醒来时写在纸上才知其意义深远。这六个字是“致至之、精固之”。现在我将其奉献出来，作为有志于弘扬准提法行者的座右铭吧。

第十章
准提圆密菩提心

有人认为学院学员过于功利化，没有菩提心，这是一种错误的认识。希望各位老师能对学院体系化的菩提心融透思想，能够再认真地思考和学习一下，能对于这方面的内容给与学员很好的引导，也能给与他人精彩的答复。

在学院设置的三级：初、中、高的教学中，是主次分明，系列有序的。初级提倡自利，中级需要利他，高级自利利他不二。

初级是在自利中利他，这是基础。若自利的能力都没有，何来利他啊！自利能力的修行，实际上是利他的基础。有自救的能力去救他是慈悲，没有救人的能力去救人是缺少智慧，自不量力。同时，初级自利的学员，接受中级利他行为的法布施等，同样是积累利他所需的智慧、福报、能力的基础。从某个角度来讲，不给别人添麻烦，不给父母朋友增加经济或者心理上的压力负担，就是在利他。自利——就是自立。把自身的蜡烛点燃，才能照亮他人。改变自己，是自救；影响别人，是救人！

当进入中级班后，学习的重点就变化了——是在利他中，积累福报了。也就是，如果不发或者没有利益他人的、服务众生的、法布施的心，是不可以进入中级班学习的。而且，学院的利他绝对不可以成为口号，教授师要讲法带学生做法布施；咒师要帮助别人念咒回向；事业师要用经济来支持学院的建设和供养三宝。我们看到和听到的口号太多了，口口声声为一切众生而修行，都说发利他的心，但很少看到有人根据现实情况，实实在在一点一滴从身边做起。假若一个修行人对自己的父母、亲人、朋友都不能去感恩度化，那这利他的口号说到底，只是一种自我安慰。所以，学院的利他思想要真切地落实到行动中，不要平时口号喊得响亮，而让他帮助众生念一两千遍准提咒时却说没有时间。虽然，中级班的重点是利他，但我们知道，利他是长远的自利。

到了高级班，已经破除了自与他的二元对立关系，自己不是自己，而是他，是众生，是缘起，是性空，是自他不二。而第一个他，是从自修开始，是自利利他的真正的无违菩提心。

这是一个不断重复、否定之否定、螺旋上升的过程。自利中利他，利他中自利，自利与利他的自利利他不二。这是学院菩提心系统化、一体化的结合，更是准提圆咒，准提圆密的特点。因为，每一句咒语中，都包含着佛法的全部。所以，对二果乘法来讲，菩提心也只是因位的权全，无论在什么样的菩提心下持诵的咒语，都包含了整个咒语——佛的全部功用。如同一粒糖衣药包，什么样的糖衣，已经不重要了。重要的是每个人，能真心的持咒，老老实实的持咒。

在果乘法中，菩提心不是因，持咒才是因。

相对于菩提心的修证而言，出离心、大悲心、菩提心的道次第是因位的法。但准提法的自利、利他、自他不二的过程并不是深浅前后的因位法。因为，无论怎样的目的驱使，在这三个过程中，修行者所持的咒言，并没有什么不同，都是果乘的、佛果的准提咒。若不明白这一点，就应多加思考，多加忏悔。即使一时不能全部明了，也不要私自揣测佛智佛果的不可思议。

菩提心，即是成佛度他，真言行者持咒当下，三缘会合本不二，已合佛心于当下。而佛智中，又怎能不包含慈悲喜舍呢？即当下持咒，菩提心早已圆满。

此表格，简明扼要的说明以上观点。

<table>
<tr><td>别　　教</td><td>出离心</td><td>大悲心</td><td>菩提心</td></tr>
<tr><td rowspan="2">圆　　教</td><td>自利</td><td>利他</td><td>自利与利他</td></tr>
<tr><td colspan="3">一咒全融，一摄一切</td></tr>
</table>

<table>
<tr><td>因　　位</td><td>出离心</td><td>大悲心</td><td>菩提心</td></tr>
<tr><td rowspan="2">果　　位</td><td>自利</td><td>利他</td><td>自利与利他</td></tr>
<tr><td colspan="3">持咒　一咒全融　一摄一切　圆满菩提心</td></tr>
</table>

高七师于京

2010 年 5 月 31 日

第十一章
《显密圆通成佛心要集》道大师的禅宗观念分析

前言

在准提宗的经典《显密圆通成佛心要集》显教部分的论述中，道大师对于禅宗的论述虽然是散落于各个章节中，但却是非常详细全面的。为了深入地了解道大师对于禅宗的见解和观点，我在此给予系统地整理和论述。

道大师对于禅宗在：理论层次、直指人心、安心方法、修行方式、偏差等多方面进行了精彩的解析与归纳。

第一节　禅宗之理论层次

道大师先从显教整体的理论体系来阐述各个宗派的区别与不同，并运用华严的判教方式对达摩祖师的禅宗主依经典给予了论述，判《楞伽经》是大乘顿教。当年达摩祖师传慧可四卷《楞伽经》以印心，曰：'我观汉地，惟有此经。仁者依行，自得度世。'可禅师每依此经说法，那、满等师，常赍四卷《楞伽》以为法要。可师后裔，盛习此经。

上述达摩祖师传的《楞伽经》，即是道大师在《显密圆通成佛心要集》中所指的一乘顿教。《心要集》古文如下：

且初显教心要者。谓贤首清凉。共判如来一代时教。而有五种。

一小乘教。谓阿含等六百余卷经。婆沙等六百余卷论。说一切法从因缘生。明三界不安。了人空真理。修自利之行。忻小乘之果。

二大乘始教有二。

一法相宗。谓深密佛地等数十本经。瑜伽唯识等数百卷论。说一切法皆是唯识。了二空真理。修六度万行。趣大乘佛果。于中多谈法相之义。

二无相宗。谓诸部般若等千余卷经。中百门等数本论文。说一切法本来是空。无始迷情妄认为有。欲证菩提以为所得。修习万行。于中多谈无相空义。斯之两宗。皆是大乘初门。故名曰始。始者初也。

三一乘终教。谓法华涅槃等四十余部经。宝性佛性等十余部论。说一切众生皆有佛性。从本已来。灵明不昧。了了常知。无始迷倒。不自觉悟。欲成佛果。须先了悟自家佛性。后方称性修习本有无量妙行。多谈法性。是大乘尽理之教。故名曰终。终者尽也。

四一乘顿教。谓楞伽思益经文。达磨所传禅宗。说一切妄相本空。真心本净。元无烦恼。本是菩提。唯谈真性。不依位次成佛。故名曰顿。

五不思议乘圆教。谓华严一经。十地一论。全说毗卢法界。普贤行海。于中所有若事若理。若因若果。一具一切。重重无尽。总含诸教。无法不收。称性自在。无障无碍。迥殊偏说。故名为圆。

直译如下：

这里把显教的核心教义分成五个层次，也就是唐代贤首宗（华严宗）清凉大师的判教方式，把释迦牟尼佛所传的佛法分成五种。

小乘教的经典是依据原始佛典《阿含》等六百多卷经典和《毗婆沙》等六百多卷论典。这些经论是专门述说一切法因缘所生、因缘所灭的道理，让我们明白三界（欲界、色界、无色界）中都是不安的受苦的地方，修行要明了人无我的真理。所修持的是自我独自解脱的法门，追求小乘四果的境界。

大乘始教又有两种。

（一）法相宗。依据《解深密经》、《佛地经论》等数十种经典，《瑜伽》、《唯识》等数百卷论典，所谈到的一切法皆是唯识所现，告诉我们人无我、法无我的真理，以修六度万行（布施、持戒、忍辱、精进、禅定、般若），直趣大乘佛果，其中大多谈到法相的道理。

（二）无相宗。般若部等一千多卷的经典所讲述的《中论》、《百论》、《十二门论》等数本论典，所解释的是一切法本空，只因众生无始以来执着迷妄，在虚空中妄生空华相。要想得证菩提圣果，便要修习六度万行，其中大多所谈的是无相空的道理。法相宗和无相宗这两个宗派，所以立为大乘始教，意思是说这两宗是大乘教的初门。

一乘终教。一乘终教所依据的是《妙法莲华经》、《涅槃经》等四十多部经典，《宝性论》、《佛性论》等十多部论典。告诉我们一切众生都有佛性，从本以来便存有了，这佛性灵明不昧了了常知。可惜无始以来众生迷乱颠倒不能自觉开悟。若想修成佛果，一定要先了悟自家本具的佛性，然后称性修习本有无量妙行，这些经典大多谈论法性，是大乘尽理之教，其所以称为大乘终教，意思是说尽理为最终目的。

一乘顿教。一乘顿教所修习的是《楞伽经》、《思益梵天问经》，也就是达摩祖师所传的禅宗，所谈的是一切妄相本是空，真心本来清净，没有什么烦恼，菩提佛性人人本来具有。专谈真性，不必依次修持，只要顿悟佛性，即心即佛，所以称之为大乘顿教。

不思议乘圆教。不思议乘圆教所注重的是《华严经》这一大部的经典，华严十地一论全是谈说毗卢佛法界、普贤菩萨行愿法海，其中所有事理因果，一具一切，重重无尽。其内容总含以上诸四部，所有的佛教修法没有一样不融合在其中，可说是称性之教法，自在解脱无所障碍。并把前四教的不足进行圆融完善，《华严经》所记载的，不落于特殊偏独之处均能十分圆满，所以叫做圆教。

道大师论述五教关系。《心要集》古文如下：

此之五教。前前者是浅是权。后后者是深是实。若以圆教望之。前四皆是应根权施设也。（*今且据对待而论。言前四是权。圆教为*

实。若定执圆教为实。缺前四教。亦非圆畅。若五教俱传。偏圆共赞。逗根方足。已下为圆教中。具含前教行门。故不别说。）

直译如下：

以上分判的五教，越靠前面的教法，说的越是浅显，是权宜之说。越后面，所谈的就一层比一层教理深入，倘若以圆教的观点来看前四教，只是因应那些浅显根基的人，所立权宜的教法而已。*（这是对比来讲，说前四教是权宜方便的讲法，圆教是佛要讲的究竟法。但是我们若只是执着于圆教是真实与究竟的，而缺了前四教的阶梯道路，那么你的这个圆教也不圆畅了。若是五教同时宏传，偏圆俱足，相互赞同，才能合适复杂根性的众生。下面就说圆教的修法，因为其中已经包含前四教的修法了，所以对于前面四个法门就不单独陈述了。）*

从禅宗的发展来看，达摩禅宗是按照《楞伽经》来印心。道大师认为禅宗是一乘顿教的教义范围，虽然不是圆教，但是从对于“心”的解悟层次上是很高的，是权教的最高处了。从这个观点来讲，四祖道信教人念《般若经》以后，逐渐放弃了《楞伽经》，而开始引入般若经典，到五祖弘忍直接以《金刚经》接引众生，先不说众生根器的对机问题，但从悟心的层面来讲，已经是“退回”于大乘始教之无相宗了。这里没有褒贬禅宗发展的意思，宗派的发展确实是需要方便，方便就要“退回”于易知易学，才能广泛普传。

其他诠释：

一、达摩原以《楞伽经》以授学者。其后此宗禅师亦皆依此经说法。然世人能得意者少，滞文者多。至四世之后，此经遂亦变成名相。于是道信教人念《般若经》，《金刚般若波罗蜜经》者言简意深。意深者谓其赅括虚宗之妙旨，言简者则语言简洁而又不可拘于文字。故禅师舍《楞伽经》而取《金刚经》。禅宗在弘忍之后，转崇《金刚经》，亦因其受南方风气之影响也。由此言之，则六祖之革命，亦可谓彻底，干脆放弃了一切经典，从此"如来禅"被"祖师禅"替代，中国的禅宗开始了——这是离印度达摩之宗愈远，还是得了达摩之心髓，各各看法不同。

二、六祖因《金刚经》而开悟，五祖亦为讲《金刚经》。达摩原是以楞伽印心的，借以楞伽名相繁细，易使学人流于分别，且二祖亦尝谓：'此法（楞伽）四世之后，变为名相'，所以五祖就提倡《金刚经》。

无论是道信的年代正值流行般若经典也好，还是以楞伽名相繁细，易使学人流于分别也好。总之，从四祖道信为分水岭，禅宗的理论已经由一乘顿教向大乘始教倾斜，从六祖开始更是彻底的不依教义。正如律宗祖师道宣法师批评的情况一样，"瞥闻一句，即谓司南，昌言五住久倾，十地将满，法性早见，十智已明……相命禅宗，未闲禅字，如斯般辈，其量甚多"。意即达摩禅徒，动言五住烦恼已尽，十地已满而成佛了，其实连个禅字都没有认识。这是批评禅宗不重律仪，不依教义，自以为顿悟成佛。可见，道宣法师的批评并非全无道理。的确，后来宋明禅宗盛行，而戒定慧学都衰落了！对于这个弊端道大师下面有陈述，这里先不说了。

第二节　禅宗之开悟与直指人心

道大师对于禅宗的心性定位即是：绝待一心、顿教一心，并给予了详细的论说，并特别强调空花的比喻最为切要。《心要集》古文如下：

顿教一心者。谓绝待一心。弥满清净。中不容他。一切妄相。本来是无。绝待真心。本来清净。华严经云。法性本空寂。无取亦无见。性空即是佛。不可得思量。起信论云。一切诸法。从本已来。离言说相。离名字相。离心缘相。毕竟平等。无有变易。不可破坏。唯是一心。故名真如。

谓前终教。随众生迷。说有色身山河虚空大地世间诸法。令诸众生翻妄归真。了达色身山河虚空大地世间诸法。全是一味妙明真心。今顿教中。本无色身山河虚空大地世间诸法。本是一味绝待真心。故清凉云。总不说法相。唯辩真性。即知周遍法界。本是一味绝待真心。寂然清净。不生不灭。不增不减。欲要易解周遍法界。喻似一颗莹净圆珠。朗然清净。无影无像。无内无外。清凉云。照体独立。物我一如。达磨云。我法以心传心。不立文字。即传此心。

曹溪云。明镜本清净。何假拂尘埃。亦是此心也。

一切众生从无始来。不了此心。妄见诸相。犹如眼病。横见空华。圆觉经云。妄认四大为自身相。六尘缘影为自心相。譬彼病目。见空中华。（*若了真心本无诸相。如虚空中本无诸华。圆觉经云。如来因地修圆觉者。知是空华。即无流转。亦无身心受彼生死。非作故无。本性无故。今顿教中。空华之喻。甚为切要。今时緇素宗禅者极广。洎乎开示此心。多不入神。如叶公好龙。真龙现前。愕然不顾。*

若未悟此心。非是真禅。是故欲修禅行。先须了悟此一心也。)

直译如下：

顿教一心者又叫绝待一心，这绝待一心，圆满清净，纯无他物。真心中的一切妄相，本来是无，绝待真心本来清净。《华严经》记载："法性本空寂无取亦无见。性空即是佛不可得思量。"《大乘起信论》说："一切诸法从本已来。离言说相，离名字相，离心缘相。毕竟平等无有变易不可破坏。唯是一心故名真如。"

前面终教说法，为随众生根机，便说有色身山河虚空大地世间诸法，叫众生离去妄想归于真如一体，了达色身山河大地虚空世间诸法，全是一味妙明真心。

现在谈到顿教中所说，本来没有什么色身山河大地虚空世间诸法，全是一味绝待真心。所以清凉大师说："对法相不去分析判断，只对法界真性辨别修证，便可了知周遍法界。本是一味绝待真心，寂静清净，不生也不灭，不增也不减。"如果想更进一步地了解周遍法界，就拿一颗晶莹清净的圆珠来说明，这真心像圆珠朗然光洁没有影像，无有内外的分别。清凉大师又说："照体独立，物我一如。"达摩祖师说："我所传的是以心传心，不立文字。"就是传这绝待真如本心。

《曹溪宗记》说："明镜本清净，不必再用拂子把尘拭擦。"也是说这真如一心。

一切众生从无始以来不明白此心，虚妄地看到世间诸相，像是生了眼病的人，妄见空中有花一样。所以《圆觉经》记说："妄认四大为自身相，六尘缘影为自心相，譬彼病目，见空中花。"*(若了真心本无诸相，比如虚空中本无诸花。《圆觉经》云："如来因地*

修圆觉者，知是空华，即无流转，亦无身心受彼生死。”非因造作故无，乃本性无故。今顿教中空花之比喻，甚为切要。现今缁素大德修习禅宗的很多人开示此心多不入神。如叶公好龙，逢真龙现前却愕然不顾。若未悟此心，非是真禅。所以修禅者要先悟此绝待真心。）

第三节　禅宗之修习

道大师对于禅宗的修行法门，是从教下和宗门两个角度分别给予归纳。从教下的经教角度论述，禅宗之安心、修行方法。开示：依禅宗顿教一心的真如绝相观者，于中安心。复有三门。《心要集》古文如下：

一者。常观遍法界。唯是一味清净真如。本无差别事相。此能观智。亦是一味真如。华严经云。一切法无生。一切法无灭。若能如是解。诸佛常现前。又七祖禅师云。无念念者。即念真如。六祖释无念云。无者无诸相。念者念真如。此乃想念诸法。全是真如。虽然想念。本无想念之相。故起信论云。虽念。无有能念可念。*（此中所想真如。即是前顿教中所说绝待真心也。此门行者。常想一切诸法。唯是一味清净真如。本无生灭。是名真如三昧。亦名一行三昧。亦名无生三昧。）*

直译如下：

第一安心法是：常观遍法界，只是一味清净真如，本来没有什么差别事相。这能观的智慧，也同是一味真如，在《华严经》记载说：“一切法无生，一切法无灭，若能如是解，诸佛常现前。”又七祖禅师说：“无念念者，即念真如。”六祖大师对无念的解释是：

“无者无诸相，念者念真如。”此是想念诸法全是真如，而虽想念，却无想念之相。所以《起信论》中又记载说：“虽念无有能念可念。”（*这里所说真如，便是前面提到顿教中所说绝待真心。依此门修持者，常想一切诸法，只是一味清净真如，本没有生灭相，是名真如三昧，或叫一行三昧，或叫无生三昧。*）

《心要集》古文如下：

二者。若念起时。但起觉心。故七祖云。念起即觉。觉之即无。修行妙门。唯在于此。即此觉心。便名为观。此亦虽起觉心。本无起觉之相。（*此门行者。一切时中。心念若起。但起觉心。便是修行。要妙之门。*）

直译如下：

第二安心法是：当念起时，但起觉心。所以七祖说：“念起即觉，觉之即无。修行妙门，只在于此，就此觉心，便名为观。”虽起觉心，而本无起觉之相。（*依此门行者，一切时处，心念若起，只起觉心，便是修行要妙之门。*）

《心要集》古文如下：

三者。拟心即差。动念便乖。但栖心无寄。理自玄会。故华严经云。法性本空寂。无取亦无见。性空即是佛。不可得思量。又古德云。实相言思断。真如绝见闻。此是安心处。异学徒云云。

此但任其本性自照。更不起新生慧解。故圆觉经云。但诸菩萨。及末世众生。居一切时不起妄念。于诸妄心亦不息灭。住妄想境。不加了知。于无了知。不辩真实。又贤首云。若起心作凡行圣行。非是真行。不作一切行。行心无寄。是名大行。此门即以本性自照名观。（*此门行者。一切时中。心无所寄。是名真修。虽然备修万行。于万*

行中心无所寄。）

直译如下：

第三安心法是："拟心即差，动念便乖。"只栖心无寄，真如玄妙当即体会。所以《华严经》记载说："法性本空寂，无取亦无见，性空即是佛，不可得思量。"古德也说："实相言思断，真如绝见闻，此是安心处。异学徒作云云。"

这是任其本性自照，更不起新生慧解。在《圆觉经》上说："若诸菩萨及末世众生，在一切时不起妄念，于诸妄心也不强令息灭，虽住于妄想境，也不去理会，于无了知，并不去分辨真实。"

又贤首大师说："若起心想作凡夫行或圣人行，起念便非真行，要不作一切行，行心无寄，是名大行。"*（此门即是以本性自照法作观行。依此门修行者，一切时中，心无所寄挂，才为真修行，这样子去修万行，于万行中，心无所寄挂执着。）*

在佛教历史上，如同道大师这般明了的开示对禅宗的理论、修行方法的佛教大德不多，因为，禅宗不用此显法而多用遮法之暗示暗语，文辞巧妙深晦，多令听者反思自悟。这与喜欢文辞和孤傲之人性情相和的：因为孤傲故，所以只有自己"悟"出来的才能去行去修；因为喜欢文辞，所以对于公案语录有天性上的着迷与动力。因此，对于这种显扬的教义基本是抵制的。甚至是祖师修法上的窍门也是不可说的，称为"落眉语"，无缘无故地说了要掉眉毛的。当然也并不是不说，而是要到时机成熟，一语道破。基于现代资讯发达，那些修法的秘密，虚云法师也开示了很多，并基本都有文字记录，至于是否能参悟识得就要看个人的福报德行了。例如虚云开示什么是话头：

什么叫话头。话就是说话。头就是说话之前。如念“阿弥陀佛”是句话。未念之前。就是话头。所谓话头。即是一念未生之际。一念才生。已成话尾。这一念未生之际。叫做不生。不掉举。不昏沈。不着静。不落空。叫作不灭。时时刻刻。单单的的。一念回光返照。这“不生不灭”就叫作看话头，或照顾话头。

谁字下的答案。就是心话从心起。心是话之头。念从心起。心是念之头。万法皆从心生。心是万法之头。其实话头。即是念头。念之前头就是心。直言之。一念未生以前就是话头。由此你我知道。看话头就是观心。

话头即是一心。你我此一念心。不在中间内外。亦在中间内外。如虚空不动而遍一切处。所以话头不要向上提。也不要向下压。提上则引起掉举。压下则落于昏沉。 违本心性。皆非中道。大家怕妄想。以降伏妄想为极难。我告诉诸位。不要怕妄想。亦不要费力去降伏他。你只要认得妄想。不执着他。不随逐他。也不要排遣他。只不相续。则妄想自离。所谓‘妄起即觉。觉即妄离。’若能利用妄想做功夫。看此妄想从何处起。妄想无性。当体立空。即复我本无的心性。

假若当下未能直下明心之人。只要力参一句话头。莫将心待悟。空心坐忘。及贪玄妙公案神通等。扫尽知见。抱住一话头。离心意识外。一念未生前。直下看将去。久久不退。休管悟不悟。单以这个疑情现前。自有打成一片。动静一如的时候。触发机缘。坐断命根。瓜熟蒂落。始信与佛不异。

从上面虚云法师对于话头的开示可以看出，此修行方法就是道大师所指示的第二种和第三种安心的法门，当念起时，但起觉心。

话头就是“当念起时”，参话头、看话头就是“但起觉心”。若是没有看好“话头”到了话未，可谓“拟心即差，动念便乖”。所谓的修行方法，无非是上面三种安心法门的变化，所以要明理而行。

虚云法师又说：然而为什么现代的人看话头的多，而悟道的人没有几个呢？这是由于现代的人，根器不及古人。亦由学者对参禅看话头的理路，多是没有摸清。有的人东参西访、南奔北走，结果闹到老，对一个话头还没有弄明白。不知什么是话头，如何才算看话头。一生总是执着言句名相，在话尾上用心。

此时，有个问题让大家思考，若是上上根人看佛教经典无用的话，那么我佛四十九年讲经不是成多嘴婆了吗？修禅者须上上根器。若是上上根人，为何看不懂佛经教义？若不是上上根人，还修个什么禅宗？求什么顿悟成佛？所以，现代人还是要认真思考虚老的这段话：禅宗虽一超直入，非上根利智不能修。末法众生障深慧浅，惟依持名念佛法门，得了生死，往生极乐国土。

从宗门的角度论述禅宗之正行与偏差，开示如下三门不可缺，若缺一门便成偏见。《心要集》古文如下：

又禅宗东夏七代祖师。所传心要。而有三门。摄尽无遗。

一见性门。先须了悟绝待真心。一切妄想本无。真心本净。即心是佛。非假外求。即前顿教一心是也。二安心门。如上所说想念真如等三门是也。三发行门。须备修菩萨六度万行。具依三门。即是正禅。随阙一门。便成偏见。

达磨云。我法以心传心。不立文字。此心是一切众生清净本觉。亦名佛性。欲求佛道。须悟此心。即是见性门。又云。如是安心。所谓壁观。令修道人。心住真理。寂然无为。喻似墙壁。不起分别。即是安心门。

又云。如是发行。所谓四行。

一报怨行。谓修道人。若受苦时。当自念言。我从往昔无数劫中。弃本逐末。流浪诸趣。多起怨憎。违害无限。今虽无犯。是我宿怨恶业果熟。非天非人所能见与。甘心忍受。都无怨诉。经云。逢苦不忧。何以故。识达故。

二随缘行。谓修道人。若得胜报荣誉等事。当自念言。一切诸法皆从缘生。是我过去修因所感。今方得之。缘尽还无。何喜之有。得失随缘。心无增减。喜风不动。嗔风不生。

三无所求行。世人长迷。处处贪着。名之为求。智者悟真理。将俗反三界九居。犹如火宅。有身皆苦。谁得而安。于三界内。无所愿乐。经云。有求皆苦。无求乃乐。

四称法行。谓性净真理。目之为法。而此理性本无悭等一切万恶。应称理性修布施等一切万善。斯之四行。即是发行门。

又草堂禅师圆觉疏中亦有三门。大同于此。

一先悟圆觉性。谓一味清净真心。二次发菩提心。谓大悲大智大愿。三后修菩萨行。谓六度万行等法。斯之三门。禅学之者。甚为切要。若不圆修三门。无由离诸邪见。

直译如下：

又中国禅宗七代祖师，所传心要也分三门，把所有禅宗的法门统摄无遗了。这三门是：

(1) 见性门：先要了悟绝待真心，一切妄想本无、真心本净、即心是佛，不假外求，和前面提到的顿教一心相同。

(2) 安心门：如上所说想念真如等三门便是。

(3) 发行门：必须具备修习菩萨六度万行。

要依三门修才成正禅，若缺任一门，便成为偏见。

达摩祖师说："我法以心传心，不立文字。"此心是一切众生清净本觉，又叫佛性。欲求佛道，必须明悟此心，即便是"见性门"。又说："如是安心，即是作面壁观，令修道人，心住于真理，寂然无为，喻似墙壁，不起分别，就是安心门。"

又说：发行门分四行：

(1) 报怨行：修道的人，遇到受苦，当自思念，我从往昔无数劫中，遗弃本性追逐虚妄事相，在诸趣中流浪轮回，造了许多恶业，招惹无限害恶，如今修道虽无毁犯作业，但由于宿昔所结恶业，到如今才成熟，非天非人所至，愿甘心忍受，都无怨诉。就如经上所说："逢苦不忧何以故？了识因果关系故。"

(2) 随缘行：提示修习佛道的人，如果有胜报荣誉等事，当自念说："一切诸法，皆从缘生，也是我过去世所修善因感招来的，才在今天结果，这些因缘报尽了便没有了，有什么可以高兴的？一切得失，随它因缘，心中无有增减，喜风吹不动，瞋风也不生。"

(3) 无所求行：世间人长久痴迷，处处贪着，是为贪求欲望。智者明悟真理，把世间三界九居，当成火宅，有这身体是苦，谁能得真安乐？三界内无所愿乐。所以经上说："有求皆苦，无求乃乐。"

(4) 称法行：以本性清净真理为修持的法门，这理性是除去悭贪等一切万恶，应依本性清净真理修习布施等一切万善。以上四行统称为"发行门"。

草堂禅师的圆觉疏中也有三门，和四行所说大同。一、先悟圆觉性，即先悟一味清净真心。二、次发菩提心，成就大悲大智大愿。

三、后修菩萨行，作六度万行等法。这三门对修禅的人最切要，如若不圆修这三门，无法离去诸邪见。

由此看出，道大师对宗门中，按照印度达摩祖师原始的禅宗二入四行的系统修行方法是认同的，对于只是只言片语的言下顿悟成佛是不赞同的。其实，若是按照达摩祖师的四行或备修菩萨六度万行，那就可以说是法身报身都圆满了。至于后来的禅宗发展，道大师这里并没有多论。《心要集》古文如下：

谓古来禅宗诸家语录。多分但应当时根宜。或唯说见性。或但言安心。或只谈发行。又于安心发行中。复各有多途。或但明一途等云云。今此诸门。心若通达。然后披览诸家禅教。乃各知其旨归。

直译如下：

古来禅宗诸语录许多，分别适应各种根基的人，而只谈见性，或但求安心，或只谈发行。又于安心发行中，更各有多种途径，或但明一途等等。现在若能通达以上所说诸门，然后去披览诸宗禅师教语，就会明白各各其中的旨趣所在。

道大师对于祖师禅并不高推，认为其有因应时根宜，而并不圆满的嫌疑。这与下面的传统看法是有所不同的：

太虚大师开示：超佛祖师禅，可引沩山之下的智闲公案，作一个点明。智闲是一个博学多闻的人，一天沩山向他道：‘我不问汝平生学解及经卷册子上记得者，如何是汝父母未生前本来面目？试道一句来’！智闲茫然莫答，后在经书上找，说了一些，沩山皆不许。智闲乃请沩山为说，沩山说：‘吾说得是吾之见解，于汝眼目又何益乎’？智闲乃回寮，叹道：‘画饼不可充饥’！便尽焚所有的经录，并说：‘此生不学佛法也，且作个长行粥饭僧，免役心神’。

乃泣辞沩山而去。过南阳慧忠国师的道场香严寺，见已荒废，乃独居参究。一日因锄地芟草时，掷瓦片击竹作声，廓然省悟。遂归庵沐浴焚香，遥礼沩山道：'和尚大悲，恩逾父母！当时若为我说却，何有今日事耶'！且寄沩山一偈云："一击忘所知，更不假修治，动容扬古路，不堕悄然机"。沩山见了，告仰山说：'智闲彻悟了'。仰山说：'尚待试过'。后来仰山见了智闲，便问道：'师弟近日见处如何'？香严当答一偈道：'去年贫，未是贫，今年贫，始是贫，去年无立锥之地，今年锥也无'。仰山乃谓：'师弟虽会如来禅，祖师禅尚未梦见在'。香严在这讥讽之下，遂又答一偈道：'我有一机，瞬目似伊，若还不识，问取沙弥'。仰山听了这一偈，方首肯道：'且喜师弟会得祖师禅'。如来禅与祖师禅的出处，就在这里。仰山初许香严会得如来禅，而不许其会祖师禅，便是以祖师禅犹有超过如来禅处，所以这一时期叫做"超佛祖师禅"。

如来禅与祖师禅相差之点，究在何处？大家可以考究一下。不过要略为点明，也不甚难，所谓"去年贫未是贫，今年贫始是贫"，这是道出修证的阶级。而所谓"若还不识，问取沙弥"，这指明了本来现成，当下即是。所以，如来禅是落功渐次的，祖师禅是顿悟本然的。仰山抑扬之意，也就此可知，不过这不是口头上讲的，是要自己契悟的。

这里有个问题需要大家思考，祖师禅是顿悟本然，如来禅不是顿悟本然的吗？到底是祖师禅的方法方便，还是所证的结果不同呢？

再考虑禅宗的顿悟到底是什么成就？是不是具备了佛菩萨的圆满功德？是不是真的像其他宗批评的报化不圆满呢？下面太虚大

师对这个历史事实的陈诉，还是让人费解的，就算给大家留个话头吧，好好参悟一下学院的法报化三身判教的意义。

唐武灭法时，当沩山闻到灭法令下，居众便星散，即沩山本人亦以巾裹头而逃，惟恐不速。至宣宗复教时，沩山仍服俗衣，因裴休力劝，始服法衣。

高七师

2009.6.7 于北京朝阳

后记

三身佛的理论在佛教发展中的意义与作用

这本书的成稿是 2013 年，到现在 2022 年又过去 9 年了，三身判教作为准提法最为特殊和最重要的理论，这 9 年来逐渐在各个修行团体中展现出影响力，这个方法甚至被道家理论研究者所关注到。随着准提学院佛教经典课程的讲述，三身判教的理论支持点慢慢的变成了体系化的构架，期待在未来能利益更多的人。

小乘佛教佛的概念，“ 佛 ”就是指“ 释迦牟尼佛 ”。大乘佛教中佛的概念，是指三身佛，具体指法身佛、报身佛和化身佛。我们按照大乘佛教三身佛理论发展脉络的功能性，来作为理清佛教个体修行目标的契机契理性，从而得出一个按照“ 分别成就三身佛 ”为不同目标的判教方法，让修行的目标层次感更为明确。特别是对于末法众生而言，更需要时间和福报的有的放矢。下面简单概括说明，希望结合本书的第一篇，这样能更清晰的理解三身理论的第六个作用和三身判教的宗教实践方法。

第一个作用重点在法身的境界，直接可以针对小乘一切有部的影响。如《 金刚经 》系列的般若经典。

第二个作用是三身的理论中，重点突出小乘没有的报身以及报身的常乐我净上。由此得出大乘的多佛境界和大乘的涅槃境界。如《 金光明经 》的如来寿量品。在《 优婆塞戒经 》中，清晰的指出了报身佛三十二相的修行与发愿内容。

如《 发愿品第七 》

善 生 言。 世 尊。 是 三 十 二 相 业 谁 能 作 耶。 善 生 言。 世 尊。 是三十二相业谁能作耶。佛言。善男子。智者能作。世尊云何名智者。善男子。若能善发无上大愿。是名智者。

第三个作用是突出报身佛的愿力慈悲力的化身作用，展开慈悲法门和真言法门。比如，《地藏经》《佛说无量寿经》等经典。其中在《佛说无量寿经》中，就有念佛十句，可以得到化佛的接引往生西方极乐世界，这是报身佛的愿力作用，和往生的人对法身和空性的理解没有直接的关系。

第四个作用是融合三身的理论，重点放在三身无二无别的圆融境界。比如《华严经》和如来藏经典。

第五个作用根据经典所对照的根器不同，法报化三身的比例和侧重点不同，比如《楞严经》对上根器讲法身多一些。《金光明经》讲报身和化身多一些，比如在《金光明经》（义净译）第二卷中《分别三身品》，详细的介绍了三身，同时在《重显空性品》中开示，法身不是本经的重点。这一点在昙无谶译金光明经《空品》中翻译的更为清晰：

无量余经　　已广说空　　是故此中
略而解说　　众生根钝　　鲜于智慧
不能广知　　无量空义　　故此尊经
略而说之　　异妙方便　　种种因缘
为钝根故　　起大悲心　　今我演说

以上六个作用，是佛陀针对不同根器听法者而分别智慧开显。具有佛陀与修法者同在的“同时性”，他们直接可以聆听佛陀的教诲。就是说每个众生面前展现的是适合他的经典，而且唯有这部经典。

现代的末法众生，没有机会亲近佛陀“同时性”的请法和聆听教诲，也没有佛陀应机给我们开示我们的修行，今世的修行需要重点放在哪里。对于现在的求学者，随着佛教经典流通技术的现代化，这些经典又同时展现到我们面前，在这个情况下，我们就要按照三身佛的理论，主动的厘清三身佛的特点，这样可以根据自己的根器进行判教。这就是我提倡的第六个作用，修法者的选择性：用三身判教来选择经典法门和临终之前的成就。这个方法是从实修的需求而产生的，所以，理论上还需要大家共同来建树，期待各位同修能在此书的尝试下继续共同完善三身判教理论。

2022 年 3 月 13 日 于深圳

www.ingramcontent.com/pod-product-compliance
Lightning Source LLC
Chambersburg PA
CBHW061158120626
46546CB00005B/2112

* 9 7 8 1 9 5 7 1 4 4 2 0 7 *